北京市哲学社会科学规划办公室
北 京 市 教 育 委 员 会
资助出版

中国外交与北京对外交流研究报告 2017

北京对外交流与外事管理研究基地　编

世界知识出版社

图书在版编目（CIP）数据

中国外交与北京对外交流研究报告．2017/北京对外交流与外事管理研究基地编．—北京：世界知识出版社，2018.2

ISBN 978-7-5012-5675-4

Ⅰ．①中… Ⅱ．①北… Ⅲ．①外事管理—研究报告—北京—2017 Ⅳ．①D821

中国版本图书馆 CIP 数据核字(2018)第 009177 号

责任编辑 刘豫徽
责任出版 王勇刚
责任校对 马莉娜

书　　名 中国外交与北京对外交流研究报告 2017
Zhongguo Waijiao yu Beijing Duiwai Jiaoliu Yanjiu Baogao 2017
编　　者 北京对外交流与外事管理研究基地

出版发行 世界知识出版社
地址邮编 北京市东城区干面胡同 51 号（100010）
经　　销 新华书店
网　　址 www.ishizhi.cn
投稿信箱 lyhbbi@163.com
印　　刷 北京京华虎彩印刷有限公司
开本印张 720 毫米×1020 毫米　1/16　15½印张
字　　数 173 千字
版次印次 2018 年 2 月第一版　2018 年 2 月第一次印刷
标准书号 ISBN 978-7-5012-5675-4
定　　价 45.00 元

目　录

北京“老字号”的国际形象——以问卷调查为基础
张翠珍　付韶军 / 1

21 世纪海上丝绸之路上的东南亚城市外交　查　雯 / 69

北京建设世界城市的城市外交策略研究
熊　炜　黄书铭　余长征 / 141

法律外交的理论与实践　王　佳　严文君 / 217

北京“老字号”的国际形象

——以问卷调查为基础

张翠珍[*]　付韶军[**]

第一部分
北京“中华老字号”的国际形象

一、引言

形象是一个被广泛使用的词语，但在不同场合，其意义不同。在此，我们从语言学与非语言学两个角度给予解释。首先，根据《现代汉语词典》，形象是“能引起人的思想或感情活动的具体形状或姿态”，强调的是事物或人的客观存在。《韦氏大百科词典》（*Webster's Encyclopedic Unabridged Dictionary*，1994）分三个层次解释形象（image）：一是通过照相、绘画、雕塑或其他方式制作的人、动物或

---

* 张翠珍，外交学院国际经济学院副教授、副院长。
** 付韶军，外交学院国际经济学院讲师。

事物的可视的相似物；二是通过镜子反射或光线折射而成的物体的图像；三是大脑的反映、观念或概念。与中文解释不同的是，英文释义的第三个层次强调客观事物或人在人们头脑中的认识，属于主观范畴。由此，任何事物的形象都有两个：一是客观存在的形象，即客观形象或自形象；二是被认知的形象，即主观形象、外在形象或他形象。其次是非语言学意义上的解释。菲利普·科特勒（Philip Kotler）认为形象是“人们所持有的关于某一对象的信念、观念和印象”[①]，强调的是对客观标的认知，即主观形象。孙中有（2002：15）进而指出了客观形象与主观形象的差别及其影响因素，他认为“人们对事物的判断并不完全等同于事物自身的属性，并不是照相似地反映事物的形象，而是在很大程度上取决于观察者所实际获取的相关信息及其具体的视角、经历、知识、价值观乃至情感”。[②] 那么，在客观形象与主观形象之间，哪一个更重要呢？美国社会学家、社会心理学家、传播学研究的先驱库利（Charles Horton Cooley）及美国政治学家汉斯·摩根索（Hans J. Morgenthau）阐明了主观形象的重要性。根据库利的“镜中我”（looking-glass self）理论：“每个他人都是我的一面镜子，而每种社会关系也都反映着自我，进一步，由这种反映构成了我的身份。”摩根索则更进一步解释了主观形象对社会地位和身份的重要性，认为“在争夺生存与权力的斗争中，他人对我们的观点、看法同我们的实际情形一样重要，是我们在他人‘心镜’中的形象——哪怕这镜中之像是歪曲的

① Philip Kotler, *Marketing Management Analysis*, *Planning*, *Implementation and Control*, 9th ed. (Upper Saddle River, NJ: Prentice Hall International Inc., 1997), p. 607.

② 孙中有：《国家形象的内涵及其功能》，《国际论坛》2002 年第 5 期，第 14—21 页。

反映，而不是我们原本的样子，决定了我们在社会中的身份和地位”。[①]因此，了解自己在他人心中的形象非常重要，无论对国家、城市、企业还是品牌。

根据《“中华老字号”认定规范》，“中华老字号”是“历史悠久，拥有世代传承的产品、技艺或服务，具有鲜明的中华民族传统文化背景和深厚的文化底蕴，取得社会广泛认同，形成良好信誉的品牌”。显然，“中华老字号”不仅历史长，品牌形象好，并且承载着中国文化。这是“中华老字号”的“自形象”。商务部从2006年起在全国实施“振兴老字号工程”，希望提高品牌影响力，通过开展现代营销和实施“走出去”战略，使老字号成为具有较强竞争能力的著名自主品牌。十年过去，在品牌财经（Brand Finance）发布的《2017年全球最有价值品牌500强》上，有55个中国品牌上榜，但仅有第118位的茅台是“中华老字号”。[②]事实上，经过2006年和2010年商务部两次认定，全国共有1129家“中华老字号”！这意味着，中国不乏历史悠久的品牌，却没能成就有世界影响力的品牌！在品牌塑造方面，人际传播的作用不可小觑。信息来源的可靠无疑会推动消费者对老字号的认识，并推动消费者忠诚的快速形成。据此，若常住中国的外国人了解、接纳、消费老字号产品，一定会对老字号的国际影响力或品牌建设有积极推动作用。为此，我们于2016年5月在北京开展了以驻京外籍人口为受访对象的问卷调查，本文即以问卷调查资料为依据，探析北京“中华老字号”的国际形象。

---

① 转引自张巍华《冷战结束后中国国家形象的定位与传播》，《中国校外教育（理论）》2007年第9期，第12页。

② Global 500 2017, The most valuable brands of 2017, http://brandirectory.com/league_tables/table/global-500-2017，2017年8月15日登录。

二、问卷调查介绍

（一）调查的代表性

根据 2010 年第六次人口普查结果，近 60 万外籍人士常住中国。① 由于没有条件做全国性调查，我们以北京作为样本，进行抽样调查。之所以选择北京，因为北京既是“中华老字号”集聚之地，也有来自世界各国的外籍友人，有代表性。经 2006 年、2010 年商务部两次共认定的 1129 个“中华老字号”，分布于我国各省、自治区、直辖市，其中北京有 117 个，是“中华老字号”最集中的城市之一，仅次于上海。从常驻外籍人口数量来看，2015 年年底，北京常驻外籍人口 6.5 万，虽不如广州、上海，但由于其国家政治中心的职能，北京有外国驻华使馆 147 个、国际组织驻华代表处 18 个、外国驻京新闻机构 251 家，其影响力远在其他城市之上。②

表 1　“中华老字号”地域分布（不包括港、澳、台地区）（单位：个）

地域	第一批	第二批	合计
北京	67	50	117
天津	30	36	66

① 中国国家统计局：《第六次人口普查显示常住我国外籍人员近 60 万》。

② 《北京常住外籍人员达 6.5 万　立体开放格局正形成》，http：//news.makepolo.com/6564971.html，2017/5/29。

续表

地域	第一批	第二批	合计
河北	8	19	27
山西	10	17	27
内蒙古	1	6	7
辽宁	9	25	34
吉林	7	13	20
黑龙江	8	24	32
上海	51	129	180
江苏	35	61	96
浙江	38	53	91
安徽	8	17	25
福建	10	24	34
江西	2	20	22
山东	36	30	66
河南	4	18	22
湖北	7	19	26
湖南	12	8	20
广东	22	35	57
广西	2	7	9
重庆	9	10	19
四川	27	22	49
贵州	1	8	9
云南	11	15	26
陕西	8	19	27
甘肃	5	9	14
宁夏	2	0	2
海南	0	1	1
青海	0	1	1

续表

地域	第一批	第二批	合计
新疆	0	3	3
总计	430	699	1129

资料来源：作者根据商务部公布的“中华老字号”名单整理。

（二）27 家北京“中华老字号”的抽选

北京共有 117 家商务部认定的“中华老字号”。要想通过问卷调查了解老字号在受访者心中的形象，有两个方法。一是将老字号作为一个整体做调查，即不做行业分类，直接询问受访者对老字号的印象。这样做简单易行，但意义不大，因为老字号的形象可能有显著的行业差异。二是抽选一部分老字号做调查，抽选的根据可以是老字号的号龄，也可以是行业。从成立年代来看，北京 117 家“中华老字号”的成立年份从 15 世纪到 20 世纪，跨越五个世纪。每个世纪，都有不同行业的老字号成立，很难仅以年份为依据抽取。因而，我们转向根据行业分类。从行业分布来看，餐饮、食品加工、茶行、工艺美术、服装布业、鞋帽、中医药各有 39 家、18 家、13 家、7 家、7 家、5 家、5 家老字号，属于老字号比较集中的行业。实际选择时，我们坚持两个标准。一是中国文化的代表性，二是外籍人士接触的可能性。餐饮业首先进入我们的视野，因为 33%的北京“中华老字号”来自餐饮业，是老字号最集中的行业；也因为“食”是生活、旅行中的必需，品尝当地特色美食更是了解当地文化的一部分。最终，我们选择了烤肉宛、烤肉季、砂锅居、同和居、鸿宾楼、丰泽园、又一顺、峨嵋酒家、便宜坊、全聚德、东来顺、南来顺、曲园酒楼共计13家餐饮老字号，其成立年代跨越17—20世纪。第二是中国文化的典型代表——中医药，我们选取了同仁堂、白塔寺药店、鹤年堂、德寿堂、永安堂，成立年代涵盖15世纪、17世纪、20世纪三个世纪。第三是茶行。中国茶文化历史悠久，中国茶在国际上也享有盛誉。我们选择了吴裕泰、张一元、京华三个老字号。第四是服装鞋帽行业中的瑞蚨祥、步瀛斋、内联升、同升和、宝石、盛锡福，它们同属轻工业，产品都极具中国风格。如此，我们选取了餐饮、茶叶、中医药、服装鞋帽四个行业中的27家老字号作为调查标的。实际上，这些老字号的选取也兼顾了老字号的年龄，跨越15世纪、17世纪、19世纪、20世纪四个世纪。例如，成立于1405年的鹤年堂距今已612年，可谓是高寿企业，而京华则成立于1950年，距今仅六十几年。

表2　抽选的27家北京“中华老字号”

行业	公　司	注册商标	成立年份
餐饮（13）	聚德华天控股有限公司北京聚德烤肉宛饭庄	烤肉宛	1686
	聚德华天控股有限公司北京砂锅居饭庄	砂锅居	1741
	北京华天饮食集团公司同和居饭庄	同和居	1822
	聚德华天控股有限公司北京烤肉季饭庄	烤肉季	1848
	北京鸿宾楼餐饮有限公司	鸿宾楼	1853
	北京便宜坊烤鸭集团有限公司	便宜坊	1855
	中国全聚德（集团）股份有限公司	全聚德	1864
	聚德华天控股有限公司北京峨嵋酒家	峨嵋	1950
	聚德华天控股有限公司曲园酒楼	曲园	1890
	北京东来顺集团有限责任公司	东来顺	1914
	北京丰泽园饭店	丰泽园	1930

续表

行业	公　司	注册商标	成立年份
餐饮（13）	北京翔达南来顺饭庄有限公司	南来顺	1937
	聚德华天控股有限公司北京又一顺饭庄	又一顺	1948
中医药（5）	北京鹤年堂医药有限责任公司	鹤年堂	1405
	北京永安堂医药连锁有限责任公司	永安堂	1416
	中国北京同仁堂（集团）有限责任公司	同仁堂	1669
	北京德寿堂医药有限公司	德寿堂	1934
	北京金象复兴医药股份有限公司白塔寺药店	白塔寺药店	1953
茶叶（3）	北京吴裕泰茶叶股份有限公司	吴裕泰	1887
	北京张一元茶叶有限责任公司	张一元	1900
	北京茶叶总公司	京华	1950
服装鞋帽（6）	北京内联升鞋业有限公司	内联升	1853
	北京步瀛斋鞋帽有限责任公司	步瀛斋	1858
	北京瑞蚨祥绸布店有限责任公司	瑞蚨祥	1862
	北京光华宝石鞋业有限公司	宝石	1889
	北京同升和鞋店	同升和	1902
	北京盛锡福帽业有限责任公司	盛锡福	1911

（三）受访者基本情况

由于没有公开的外籍人口统计资料，无法进行随机抽样。于是，我们代之以随机拦访，2016 年 5 月调查员在北京街头、学校、商场、健身场所、旅游景点等展开问卷调查。共收回有效问卷 169 份，受访者基本情况如下。

在 169 名受访者中，90%以上的受访者年龄在 19—50 岁。从学历来看，75%的受访者有本科及以上教育背景。169 名受访者来自

58 个国家，足见北京国际化的多元化。根据世界银行 2016 年公布的划分标准①，受访者中的 52%来源于高收入国家，40%来自中等收入国家，7%来自低收入国家。从母国的地区分布来看，39%来自欧洲中亚，35%来自东亚太平洋和南亚，其他受访者来自北美、撒哈拉非洲和拉美。至于是否有中国朋友，7%的受访者表示没有中国朋友，38%的受访者有 10 个以上的中国朋友。从汉语水平来看，6.5%的受访者表示不会中文，50%的受访者表示自己的汉语“较好”。在全部受访者中，35%的人是第一次来京，44%的人表示来京的次数达到 3 次及以上。至于停留期，47%的受访者达到 1 年或更长。从来京目的来看，近 80%的受访者来京的目的是学习。居住区域集中在海淀、朝阳、西城和东城，比例接近 85%。

表 3　受访者情况

项目	分类	人数	百分比%	项目	分类	人数	百分比%
性别	男	98	58.0	汉语水平	不会	11	6.51
	女	71	42.0		会一点	72	42.60
年龄	18 岁及以下	6	3.55		好	58	34.32
	19—50 岁	155	91.72		很好	28	16.57
	50 岁以上	8	4.73	来京次数	第一次	59	34.92
学历	高中及以下	41	24.26		第二次	35	20.71
	本科	82	48.52		三次及以上	75	44.38

① 根据世界银行 2016 年公布的分类标准，以世界银行图表集法计算的 2015 年人均国民收入在 1025 美元及以下属于低收入经济体，1026—4035 美元属于中低收入经济体，4036—12475 美元属于中上收入经济体，12476 美元及以上属于高收入经济体。参见 New country classifications by income level，http：//blogs. worldbank. org/opendata/new-country-classifications-2016，2017/02/03.

续表

项目	分类	人数	百分比%	项目	分类	人数	百分比%
学历	硕士及以上	46	27.23	停留时间	3月及以下	13	7.70
母国收入水平	高收入国家	88	52.07		3—6个月	26	15.38
	中上收入国家	35	20.71		6—12个月	50	29.59
	中下收入国家	34	20.12		1—3年	46	27.22
	低收入国家	12	7.10		3年以上	34	20.12
母国所属地区	欧洲、中亚	66	39.05	来京目的	工作	21	12.43
	东亚、太平洋	42	24.85		旅游	9	5.33
	南亚	18	10.65		家庭团聚	3	1.78
	中东、北非	6	3.55		学习	134	79.29
	撒哈拉非洲	10	5.92		其他	2	1.18
	北美	18	10.65	居住区域	西城	10	5.92
	拉美	9	5.33		东城	9	5.33
中国朋友数	0	12	7.10		朝阳	23	13.61
	1—5个	53	31.37		海淀	109	64.50
	6—10个	39	23.08		石景山	1	0.60
	11—20个	28	16.57		丰台	1	0.60
	20个以上	37	21.89		其他	15	8.88

注：由于四舍五入的原因，各项之和可能约等于100%。

三、北京“中华老字号”国际形象的行业差异

问卷分别询问受访者对餐饮业、中医药、茶叶、服装鞋帽类“中华老字号”的了解情况。在此基础上，我们将每部分的调查结果汇总，以总结受访者对北京“中华老字号”的总体认知，并对受

访者对不同行业老字号的认知进行比较。除非特别说明，全部表格的单位均为百分比。

（一）餐饮、茶行老字号的知名度最高，服装鞋帽类老字号的知名度最低

在问卷中，我们列出了四个行业的老字号，请受访者勾选自己所知道的老字号，并据此计算知道某老字号的受访者比重，并以此代表老字号在受访者中的知名度。根据调查结果，在餐饮业中，全聚德以78%的比重位列13家“中华老字号”餐馆之首，其次为烤肉季和东来顺。在中医药行业中，知名度最高的是同仁堂，比重为70%，其次是白塔寺药店和德寿堂。在茶行中，吴裕泰以82%的比重居知名度之首。在服装鞋帽行业中，宝石的知名度最高，但仅为34%。

四个行业总体来看，在受访者中知名度由高到低分别为茶行、餐饮业、中医药、服装鞋帽业。此外，通过对四个行业中的老字号的知名度比较发现，第一名与第二名的知名度差距很大。比如，吴裕泰的知名度高达82%，而位居第二名的张一元的知名度仅为24%，相差58个百分点。当然，也有例外，即服装鞋帽类，该行业老字号在受访者中的知名度最低，且不同的老字号之间的差异不大。例如，宝石的知名度为34%，第二位的瑞蚨祥和同升和的知名度均为26%，仅差8个百分点。

说明：从表4开始，在分析中所使用的表格中的数字，除非特别说明，均为选择某答案的受访者百分比。

表 4　知名度最高的北京“中华老字号”

类别	第一	第二	第三
餐饮业	全聚德（78.29）	烤肉季（26.32）	东来顺（19.08）
中医药	同仁堂（69.57）	白塔寺药店（26.09）	德寿堂（8.7）
茶叶	吴裕泰（81.82）	张一元（23.64）	京华（18.18）
服装鞋帽	宝石（34.29）	瑞蚨祥（25.71） 同升和（25.71）	内联升（17.14）

老字号知名度的行业差异，可能与以下原因有关。一是其本身的价值，二是受访者接触的机会，三是企业自身或第三方品牌推介的力度。中国茶是中国品牌，而北京的“中华老字号”茶行又不多，受访者知道吴裕泰等老字号茶行的概率较高。与此类似，北京烤鸭是海内外知名的区域品牌，而食用北京特色食物又是了解北京的重要途径，由此可以理解餐饮业老字号的高知名度。然而，中医药老字号的情况略有不同。虽然与中国茶一样，中医药也是中国文化的典型代表，无疑也是国家品牌，但是除非有人推荐或亲身经历，否则很难接触中医药行业的老字号，这可能是其知名度较低的原因。至于服装鞋帽业，虽然瑞蚨祥、内联升、同升和、宝石都生产并销售中国风格的产品，但由于中外文化、消费者身材的差异，并非所有的外国人适合或乐于穿着，因此知名度不高。

此外，第三方机构对不同行业老字号的宣传力度也不同。作为北京市旅游业主管机关，北京市旅游发展委员会官方网站上用汉语、英语、法语、日语、西班牙语、韩语、德语、俄语、阿拉伯九种语言介绍北京的老字号及特色产品，借此向外籍人士宣传北京的老字号。以英文网站（http：//english. visitbeijing. com. cn/）为例，在“关于北京”（about Beijing）栏目下设有“老字号”（time-honored brands）专栏，共介绍了25家老字号，几乎全是餐饮业或副食加工行业的老字号，调查所涵盖的13家餐馆中的8家（砂锅居、同和居、烤肉季、又一顺、峨嵋酒家、全聚德、东来顺、曲园酒楼）及茶行中的吴裕泰均在其列。介绍内容包括老字号简介、店面或代表性产品或菜品的图片、地址等，这些都可能提升老字号的知名度，也可能带动消费。另外，还有一个栏目是北京特色产品（Beijing local products），中医药行业中的鹤年堂和同仁堂、制鞋业的内联升都在其中。

（二）中国人推荐是外国人了解各行业老字号的首要途径

问卷列出了一些受访者了解老字号的可能途径，供其选择，分别是：属于人际传播的中国人推荐、中国以外国家的人推荐；作为外籍人士，到文化、地域完全不同的中国，很多信息仰赖于旅游手册或旅游杂志，因此问卷列出了属于大众传播途径的旅游手册或杂志、报纸、电视；在世界互联的大背景下，互联网几乎成为人们了解任何信息的第一途径，因此问卷列出了属于新型传播途径的互联网。除此之外，很多外籍人士喜欢自己走街串巷，也许会偶遇老字号，问卷为此列出“偶然碰到”作为选项之一。

根据调查结果，对餐饮业老字号的了解，第一途径是中国人推荐，比重高达56%，其次为偶然碰到（24%），通过旅游手册或杂志了解的受访者仅为17%。对中医药行业老字号的了解，第一重要的途径是偶然碰到，比例为34%，第二位是中国人推荐（33%），但两者相差无几。对于茶行的了解，受访者主要依靠人际传播（中国人推荐和外国人推荐均为36%），其次为偶然碰到（27%）。对服装鞋帽类的老字号，受访者首要的了解途径是人际推荐（中国人推荐和外国人推荐的比重均为42%），其次为旅游手册或杂志（16%）。

总体来看，人际传播在餐饮、茶行、服装鞋帽行业都是首要的了解途径，另外两个分别是偶然碰到、旅游手册或杂志，与我们的预期一致。值得注意的是，偶遇对于受访者了解餐饮、中医药、茶行老字号非常重要，比重均在20%以上。而且，对于了解中医药老字号，首要的途径就是偶遇，这可能是因为如果没有需求，亲朋很难有机会推荐。

表5　了解老字号最重要的三种途径

类别	第一	第二	第三
餐饮业	中国人推荐（56.21）	偶然碰到（23.53）	旅游手册、杂志（16.99）
中医药	偶然碰到（34.29）	中国人推荐（32.86）	旅游手册、杂志（17.14）
茶叶	中国人推荐（36.36） 外国人推荐（36.36）	偶然碰到（27.27）	旅游手册、杂志（20）
服装鞋帽	中国人推荐（41.94） 外国人推荐（41.94）	旅游手册、杂志（16.13）	网络（12.9）

（三）从消费经历看，餐饮业、服装鞋帽最受外籍人士青睐

知道老字号，只是品牌塑造的第一步，而消费体验可使品牌丰富化、立体化，进而促进客户忠诚的形成。据此，问卷询问受访者是否有老字号的消费经历。根据调查结果，70%、55%、47%和34%的受访者在列出的老字号餐厅、茶行、中医药店铺、服装鞋帽

店有消费经历，而服装鞋帽类老字号的受访者消费体验最少，餐饮业最高。

表6 是否光临过老字号

类别	光临过	没有
餐饮	69. 74	30. 26
中医药	47	53
茶叶	55	45
服装鞋帽	34	66

（四）受访者最常光顾餐饮业、中医药、茶行老字号

针对光临过老字号的受访者中，我们询问其光临次数最多的老字号，进而询问经常光顾的原因。根据调查结果，餐饮业中的全聚德、中医药中的同仁堂、茶叶中的吴裕泰以远高于其他品牌的比重，成为受访者光顾次数最多的老字号。在服装鞋帽行业中，虽然内联升、同升和、宝石均为受访者光顾次数最多的老字号，但比重很低，仅为17%。换句话说，受访者在服装鞋帽类老字号的消费不多。

根据调查结果，除服装鞋帽类外，受访者在其他三个行业消费次数的集中度都比较高。例如，在茶叶、中医药行业中，吴裕泰、同仁堂的比例均在60%以上，而位居第二的比重不到20%，处于第三位的比重更是不到10%。服装鞋帽行业的比重虽然分散，但比重都很低。

表 7　光顾次数最多的老字号

类别	第一	第二	第三
餐饮业	全聚德（42.72）	东来顺（7.77）	烤肉季（6.8）
中医药	同仁堂（65.22）	白塔寺药店（13.04）	鹤年堂、德寿堂（4.35）
茶叶	吴裕泰（71.43）	京华（17.86）	张一元（7.14）
服装鞋帽	内联升（16.67） 同升和（16.67） 宝石（16.67）	瑞蚨祥（8.33） 盛锡福（8.33） 步瀛斋（8.33）	—

（五）产品质量好是受访者经常光临老字号的首位原因

那么，受访者经常光临老字号的原因是什么呢？这实际上是本次问卷调查的核心问题之一。问卷从产品特色、产品价格、销售服务、店内环境、品牌知名度、店铺的交通便利程度等方面列出选项，供受访者选择。根据调查，除餐饮业外，受访者经常光顾老字号的首要原因都是产品质量好，说明产品质量是老字号吸引顾客的最重要原因。在餐饮业中，首要的原因是服务好，其次为菜品有特色及就餐环境好。对中医药行业来说，药品种类多是吸引受访者的第二位原因。此外，价格合理成为茶行、服装鞋帽老字号吸引受访者的重要因素。

表 8　经常光临老字号的原因

类别	第一	第二	第三
餐饮业	服务好（39.47）	菜品有特色（27.19）	就餐环境好（22.81）
中医药	药品质量好（43.24）	药物种类多（18.92）	销售服务好（13.51）
茶叶	茶叶质量好（57.58）	品牌知名度高（21.21）	茶叶价格合理（15.15）
服装鞋帽	产品质量好（38.46）	销售服务好（30.77）	产品价格合理（23.08）

（六）全聚德、同仁堂、吴裕泰是受访者最喜欢的老字号

无论是光临次数最多的老字号，还是最喜欢的老字号，都用来了解受访者对老字号的接受程度，只是角度有所不同。调查结果表明，无论是餐饮业、中医药，还是茶行，受访者最喜欢的老字号均与光临次数最多的老字号一致，即分别为全聚德、同仁堂和吴裕泰。换句话说，因为喜欢，所以时常光顾。对服装鞋帽行业而言，光顾次数最多的老字号是三家齐名，而最喜欢的老字号则呈现出差异，宝石以28.6%的比重成为受访者最喜欢的老字号。

表9　最喜欢的老字号

类别	第一	第二	第三
餐饮业	全聚德（51.04）	东来顺（8.33）	烤肉季（7.29）
中医药	同仁堂（82.76）	白塔寺药店（13.04）	鹤年堂（6.9）
茶叶	吴裕泰（69.23）	京华（15.38）	张一元（11.54）
服装鞋帽	宝石（28.57）	内联升（21.43）	瑞蚨祥（14.29） 同升和（14.29）

（七）产品质量好是受访者喜欢老字号的首要原因

那么，受访者喜欢老字号的原因又是什么呢？与经常光顾老字号的原因一样，我们从特色、菜品价格、服务、店铺内部环境、知名度、交通便利程度等几个方面列出了可能的原因。调查发现，对中医药、茶叶、服装鞋帽行业，喜欢老字号的首要原因均为产品质量好，与经常光顾的首要原因一致。而对餐饮业，最喜欢该老字号

的原因与经常光顾的原因略有不同：最喜欢的首要原因是菜品特色，而经常光顾的首要原因是服务好。显然，前者属于硬件，后者是软件。从四个行业来看，最喜欢的首要原因都是一个企业生存最根本的东西，就是产品质量与产品特色。

表 10　最喜欢该老字号的原因

类别	第一	第二	第三
餐饮业	菜品有特色（39.6）	服务好（30.69）	就餐环境好（16.83）
中医药	药品质量好（39.39）	药物种类多（15.15） 价格合理（15.15） 知名度高（15.15） 交通便利（15.15）	销售服务好（12.12）
茶叶	茶叶质量好（56.25）	茶叶种类多（21.88） 销售服务好（21.88）	品牌知名度高（18.75）
服装鞋帽	产品质量好（37.5）	销售服务好（25）	中国风格（18.75） 价格合理（18.75）

（八）全聚德、同仁堂、吴裕泰成为受访者印象最深刻的老字号

既然受访者经常光顾与最喜欢的老字号基本相同，那么，印象最深刻的老字号呢？调查结果显示，餐饮、中医药、茶行中印象最深刻的老字号分别为全聚德、同仁堂及吴裕泰，与光顾次数最多、最喜欢的老字号一致。在服装鞋帽行业，内联升在六个老字号中脱颖而出，成为受访者印象最深刻的老字号。但是，与其他三个行业相比，内联升的比重并不高，仅为 27%，远低于前三个行业。

表 11　印象最深刻的老字号

类别	第一	第二	第三
餐饮业	全聚德（55.21）	东来顺（7.29）	烤肉季（5.21） 鸿宾楼（5.21）
中医药	同仁堂（66.67）	白塔寺药店（18.52）	鹤年堂（7.41）
茶叶	吴裕泰（75）	京华（16.67）	张一元（8.33）
服装鞋帽	内联升（27.27）	瑞蚨祥（18.18） 同升和（18.18） 宝石（18.18）	步瀛斋（9.09） 盛锡福（9.09）

（九）产品质量好是受访者对该老字号印象深刻的首要原因

那么，老字号为什么让受访者印象深刻呢？对餐饮业而言，印象最深刻的原因是菜品有特色。而对中医药、茶叶、服装鞋帽而言，首要原因是产品质量好，与经常光顾、最喜欢老字号的原因一致。值得注意的是，对服装鞋帽类老字号，产品具有中国风格、时尚、品牌知名度高、价格合理，均以 15.38% 成为让受访者印象最深刻的第二位的原因。

表 12　对该老字号印象最深刻的前三位原因

类别	第一	第二	第三
餐饮业	菜品有特色（35.24）	服务好（28.57）	就餐环境好（24.76）
中医药	药品质量好（40.54）	药品种类多（29.73）	药品价格合理（21.62）
茶叶	茶叶质量好（62.96）	品牌知名度高（33.33）	茶叶种类多（29.63）
服装鞋帽	产品质量好（53.85）	中国风格（15.38） 时尚（15.38） 价格合理（15.38） 品牌知名度高（15.38）	无中国风格（7.69） 销售服务好（7.69） 购物环境好（7.69） 店铺交通便利（7.69）

（十）仅约半数受访者知道所列出的品牌是“中华老字号”

自2006年商务部开始认定“中华老字号”后，每家“中华老字号”都悬挂着“中华老字号”字样的牌匾，那么受访者知道我们所调查的都是“中华老字号”吗？总体来看，约50%的受访者不知道它们是中国的老字号。当然，在行业之间也表现出了差异。例如，在餐饮业中，知道所列品牌是老字号的比例最高，为58%，而在服装鞋帽行业中，知道的比例仅为40%。

表13　是否知道该品牌是“中华老字号”

类别	知道	不知道
餐饮	58	42
中医药	47	53
茶叶	50	50
服装鞋帽	40	60

（十一）受访者不曾光顾老字号的原因分散，且行业差异大

有的受访者知道所列出的老字号，但没有消费过。为此，问卷询问受访者不光顾老字号的原因，并从产品特色、价格合理性、服务、内部环境、知名度、交通便利程度、喜欢与否等方面列出可能的原因。然而，调查发现，外籍人士不曾光顾老字号的原因很分散，而且行业差异大。对餐饮业而言，排在首位的原因是不喜欢中餐或附近没有所列出的中餐馆（47%）。对中医药行业而言，首要的原因是受访者没生过病（41%）而没有机会了解中医药老字号。对茶

叶行业而言，60%的受访者表示，喜欢中国茶，但并不在意品牌。对服装鞋帽行业而言，首要的原因是产品不适合自己（30%），这可能与文化、消费者身材等有关。

表 14 不曾光顾老字号的原因

类别	第一	第二	第三
餐饮业	其他（47.33）：不知道，不喜欢中餐，住处附近没有	价格高（28.38）	徒有其名（13.51）
中医药	其他（41.18）：没生过病，不需要去看医生或买药，没机会了解	不相信中医药（15.69）	没有特色（27.45）
茶叶	喜欢但不在乎品牌（60.61）	其他（21.21）：不了解	价格高（9.09） 茶行交通不便（9.09）
服装鞋帽	不适合自己（30.30）	爱中国风格，但不在乎品牌（18.18）	不喜欢中国风格（15.15）

四、结论

本文利用 2016 年 5 月在北京的调查数据，分析了驻京外籍受访者对抽选的 27 家“中华老字号”的认知情况。调查发现，人际传播在受访者了解老字号的途径中扮演着极其重要的角色，尤其是中国人的推荐作用明显。这意味着，若外籍人士的中国同事、朋友、同学等若熟悉、喜欢老字号，并向他们推荐的话，可能是外籍人士了解中国老字号的捷径。为此，我们建议，企业或政府尝试通过有效的方式，提高在北京生活的中国人对老字号的了解。同时，我们也发现为数不少的受访者是“偶然碰到”老字号而知道老字号的，这说明老字号的地理位置很重要，也验证了老字号一条街的意义所在。实际上，2008 年商务部会同国家发展和改革委员会等 14 部委联合发布了《关于保护和促进老字号发展的若干意见》（以下简称《意见》）。为保证目标的实现，《意见》提出的工作手段中，就包括建设老字号特色商业街。

调查发现，受访者光临次数最多、最喜欢、印象最深刻的老字号具有一致性。在餐饮业、中医药、茶行中，均为全聚德、同仁堂、吴裕泰。同时，光临次数最多、最喜欢、印象最深刻的第一位原因也几乎是相同的，即产品质量好。这印证了一点，即提供与众不同的高质量产品是老字号生存和发展的最可靠保障。

表 15　光顾次数最多、最喜欢、印象最深刻的老字号

类别	最常光顾	最喜欢	印象最深
餐饮	全聚德（42.72）	全聚德（51.04）	全聚德（55.21）
中医药	同仁堂（65.22）	同仁堂（82.76）	同仁堂（66.67）
茶叶	吴裕泰（71.43）	吴裕泰（69.23）	吴裕泰（75）
服装鞋帽	内联升（16.67） 同升和（16.67） 宝石（16.67）	宝石（28.57）	内联升（27.27）

表 16　光顾次数最多、最喜欢、印象最深刻的首要原因

类别	最常光顾的首要原因	最喜欢的首要原因	印象最深刻的原因
餐饮	服务好（39.47）	菜品有特色（39.6）	菜品有特色（35.24）
中医药	药品质量好（43.24）	药品质量好（39.39）	药品质量好（40.54）
茶叶	茶叶质量好（57.58）	茶叶质量好（56.25）	茶叶质量好（62.96）
服装鞋帽	产品质量好（38.46）	产品质量好（37.5）	产品质量好（53.85）

分行业来看，服装鞋帽类老字号的知名度较低，受访者也较少

有购买经历。虽然这些老字号的产品质量好，而且产品都极具中国文化特征。但由于中外文化的差异、消费喜好的不同以及消费者体型的不同，而导致这类产品比较难以被外籍人士接受。

另外，虽然“中华老字号”都在店铺显著位置有“中华老字号”的标识，但仍然有近半数的受访者不知道该品牌属于中国的老字号，由此导致自形象与他形象的巨大差异。这意味着，企业可能要加强对“中华老字号”的传播。

第二部分 北京餐饮“中华老字号”的国际形象

在169名受访者中，有17名对问卷中所列出的13家老字号餐馆一无所知，而152名受访者至少知道一家所列出的老字号餐馆。这与我们的预期一致，饮食是生活的必需，也是客居他乡了解当地的重要途径。而老字号具有独特的文化属性和地域属性[①]，如果你走进一隅小店，尝一口地道的风味小吃，就能体味到一个城市特有的魅力。老字号就是品味城市文化差异的一道风景。[②] 以下我们从不同的侧面分析驻京外籍人士对北京老字号餐馆的认识，在分析中所使用的表格中的数字，除非特别说明，均为选择某答案的受访者百分比。

---

① 许衍凤、赵晓康：《“老字号”品牌竞争力评价及提升对策研究》，《价格理论与实践》2013年第5期，第85—86页。

② 王成荣：《“京派老字号”的文化魅力》，《中外企业文化》2009年第10期，第15—17页。

一、餐馆的知名度差异大，全聚德知名度最高

根据调查结果，知名度最高的前三位分别是全聚德（78%）、烤肉季（26%）、东来顺（19%），知名度差异大。

从性别上来看，虽然在两性别的受访者中知名度最高的都是全聚德、烤肉季和东来顺，但比重有差异。例如，全聚德在女性受访者中的知名度为 87%，远高于男性的 71%；同时，烤肉季在男性中的知名度（31%）远高于在女性受访者中的知名度（21%）；而东来顺的知名度在女性受访者中稍高一些。

从汉语水平来看，不会汉语的人知道的老字号餐馆数量较少，仅有丰泽园、又一顺、全聚德、便宜坊四家，其中全聚德的知名度最高（78%）。而且，受访者汉语水平与老字号餐馆的知名度的关系很奇妙。首先，从“一点不会”到“较好”，受访者知道的老字号餐馆数目越来越多。其次，从“一般”到“流利”，老字号餐馆知名度的集中度越来越高。然而，无论汉语水平高低，全聚德的知名度都最高。

从在北京居住的时长来看，随着居住时间的增长，受访者知道的老字号餐馆逐渐增多，老字号的知名度也随之分散。在北京停留时间在 3 月及以下者，知道 7 家老字号餐馆，其中 91% 的受访者知道全聚德，而其他 6 家的知名度均未超过 10%，知名度分化明显。随着居住时间的延长，受访者所知道的老字号餐馆数量增加到 13 家，唯一的例外是居住时间在 1—3 年的受访者知道 11 家老字号餐

馆，没有人知道又一顺和峨嵋酒家。此外，居住时间达到 3 年或以上者，知名度最高的三家餐馆分别是全聚德、烤肉季、峨嵋酒家，而且峨嵋酒家的知名度达到 18%，在 5 个子样本中最高。

此外，随着中国朋友数量的增加，知名度第一的全聚德的比重略有下降，由没有中国朋友时的 91%下降到有 11—20 个朋友时的 72%，这可能是由于中国朋友多，了解的餐馆更多。

表 17　老字号餐馆的知名度

		烤肉宛	砂锅居	同和居	烤肉季	鸿宾楼	丰泽园	又一顺	峨嵋	便宜坊	全聚德	东来顺	曲园	南来顺
总体		9.87	3.29	4.61	26.32	6.58	4.61	5.92	7.24	9.87	78.29	19.08	5.26	5.26
性别	男	15.48	3.57	3.57	30.95	5.95	5.95	7.14	10.71	9.52	71.43	15.48	8.33	3.57
	女	2.94	2.94	5.88	20.59	7.35	2.94	4.41	2.94	10.29	86.76	23.53	1.47	7.35
汉语水平	不会	—	—	—	—	—	11.11	11.11	—	11.11	77.78	—	—	—
	一般	10.17	3.39	3.39	23.73	6.78	6.78	8.47	5.08	6.78	83.05	22.03	6.78	3.39
	较好	14.04	3.51	7.02	35.09	7.02	1.75	5.26	12.28	10.53	71.93	14.04	5.26	7.02
	流利	3.70	3.70	3.70	22.22	7.41	3.70	—	3.70	14.81	77.78	25.93	3.70	7.41
居住时长	3 月以下	9.09	9.09	—	9.09	9.09	—	9.09	9.09	—	90.91	—	—	—
	3—6 月	19.05	4.76	4.76	33.33	4.76	9.52	9.52	9.52	14.29	85.71	23.81	14.29	14.29
	6—12 月	8.89	2.22	4.44	22.22	2.22	4.44	6.67	4.44	4.44	77.78	17.78	6.67	4.44
	1—3 年	2.38	2.38	4.76	33.33	4.76	2.38	—	—	11.90	76.19	26.19	2.38	—
	3 年以上	15.15	3.03	6.06	24.24	15.15	6.06	9.09	18.18	12.12	72.73	15.15	3.03	9.09
中国朋友数	0	9.09	9.09	9.09	18.18	18.18	9.09	18.18	9.09	9.09	90.91	9.09	18.18	9.09
	1—5 个	10.20	2.04	2.04	18.37	2.04	4.08	8.16	2.04	10.20	79.59	20.41	2.04	2.04
	6—10 个	11.76	2.94	2.94	32.35	5.88	2.94	2.94	11.76	11.76	73.53	29.41	5.88	5.88
	11—20 个	12.00	—	4.00	36.00	—	8.00	—	4.00	4.00	72.00	12.00	4.00	4.00
	20 个以上	6.06	6.06	9.09	27.27	12.12	3.03	6.06	12.12	9.09	81.82	15.15	6.06	6.06

二、中国人推荐、偶遇、旅游手册是外国人了解老字号餐馆的重要途径

调查发现，受访者了解老字号餐馆的最主要的三种途径分别是中国人推荐、偶遇、旅游手册，比重分别为 56%、24%和 17%。可见，超过一半的受访者通过中国亲朋好友或同事而了解老字号餐馆。此外，有趣的是，高达 24%的受访者表示自己是偶然知道老字号餐馆的。

男性与女性受访者了解老字号的途径的比重没有明显的差别。从年龄来看，19—50 岁的受访者了解老字号餐馆的渠道最多元，其次是 18 岁及以下，渠道最少的是 50 岁以上的人。虽然在三个分年龄段的亚样本中，中国人推荐均为首位的了解途径，但其比重差异较大。50 岁以上的受访者 100%依靠中国人推荐，而在 18 岁以下及 19—50 岁的群体中则为 67%和 53%。

总体上，随着汉语水平的提升，受访者更多地依靠中国人推荐，比重从 33%提高到 50%以上。有趣的是，随着汉语水平的提高，偶遇老字号餐馆的比重也在上升，由 11%提升到 43%。在北京居住的时长不同，了解老字号的途径也有不同。在北京停留不足 3 个月的受访者主要通过旅游手册，其次是中国人推荐和偶遇。对于在北京居住超过 3 个月的受访者来讲，首要途径是中国人推荐，其比重在居住时间超过 3 年的样本中超过 70%。由此推断，随着居住时间的拉长，中国人推荐对于外国人了解老字号餐馆有显著的推动

作用。从是否有中国朋友来看，没有中国朋友时，对老字号的了解比较少，而且最主要的方式是旅游手册。随着中国朋友的增多，通过中国人推荐知道老字号的比重不断增加，达到60%左右。

表18　受访者了解老字号的途径

		中国人	外国人	旅游手册	报纸	电视	网络	偶遇	其他
总体		56.21	14.38	16.99	1.96	2.61	16.34	23.53	3.92
性别	男	55.29	15.29	14.12	1.18	3.53	16.47	24.71	3.53
	女	57.35	13.24	20.59	2.94	1.47	16.18	22.06	4.41
年龄	18岁以下	66.67	—	33.33	16.67	—	16.67	16.67	16.67
	19—50岁	53.24	15.11	16.55	1.44	2.88	17.27	25.18	3.60
	50岁及以上	100.00	12.50	12.50	—	—	—	—	—
中文水平	不会	33.33	—	44.44	—	—	22.22	11.11	11.11
	一般	58.33	21.67	16.67	1.67	3.33	15.00	23.33	—
	较好	57.14	12.50	12.50	1.79	1.79	19.64	16.07	8.93
	流利	53.57	7.14	14.29	3.57	3.57	7.14	42.86	—
居住时长	3个月以下	41.67	8.33	50.00	—	—	16.67	33.33	—
	3—6个月	70.00	35.00	20.00	5.00	—	15.00	20.00	—
	6—12个月	42.22	15.56	17.78	—	4.44	26.67	20.00	2.22
	1—3年	55.81	11.63	6.98	—	2.33	6.98	25.58	9.30
	3年以上	72.73	6.06	12.12	6.06	3.03	15.15	24.24	3.03
中国朋友数	0	27.27	18.18	45.45	—	—	27.27	18.18	—
	1—5个	58.00	20.00	16.00	2.00	2.00	20.00	20.00	4.00
	6—10个	60.61	9.09	18.18	3.03	3.03	18.18	21.21	6.06
	11—20个	60.00	8.00	8.00	—	8.00	4.00	32.00	4.00
	20个以上	55.88	14.71	14.71	2.94	—	14.71	26.47	—

注：“其他”指课堂上老师提过，学校组织等。

三、近 70%的受访者曾在老字号餐馆用餐，受访者光临次数最多、最喜欢、印象最深刻的餐馆都是全聚德

在本次调查中，69.74%的受访者表示曾在老字号餐馆用餐。在询问是否在老字号餐馆就餐过后，紧接着询问三个问题：光临次数最多、最喜欢、印象最深刻的餐馆各自是哪家？根据调查结果，全聚德在 13 家餐馆中名列首位。按照比重的高低，受访者光顾次数最多的餐馆是全聚德（43%），51%的受访者表示最喜欢的餐馆是全聚德，55%的受访者表示印象最深刻的餐馆是全聚德。调查结果似乎并不意外。在国内外重大活动中，全聚德赢得了“中华第一吃”的美誉，成为中国美食外交的典范。新中国成立后，周恩来总理生前曾 27 次在全聚德宴请外宾。2008 年北京奥运会期间，全聚德烤鸭受到各国运动员的热烈追捧，被誉为赛场外的“奥运美食金牌”。2014 年 11 月亚太经济合作组织领导人非正式会议期间，全聚德集团为水立方国宴供应烤鸭并现场展示片鸭技艺。全聚德烤鸭传统片制技艺与绘画艺术跨界融合，展示烤鸭菜品即被定名为“盛世牡丹”。[①] 美国旅游网站 CNNGO 评选出全球 50 种最美味食物，中国北京烤鸭位居第五，成为排名最高的中国美食。此外，全聚德也在不断开拓海外市场。到 2016 年年底，海外品牌特许加盟店 5 家，进入

① 《大场面还得全聚德：组图揭秘 APEC 国宴烤鸭台前幕后》，http://www.takefoto.cn/viewnews-222925.html，2017/8/24。

的国家或地区有缅甸、日本（2 家）、澳大利亚、中国香港。①

表 19　最常光顾、最喜欢、印象最深刻的老字号餐馆

	烤肉宛	砂锅居	同和居	烤肉季	鸿宾楼	丰泽园	又一顺	峨嵋	便宜坊	全聚德	东来顺	曲园	南来顺
光顾次数最多	1.94	—	2.91	6.80	2.91	1.94	0.97	1.94	2.91	42.72	7.77	1.94	0.97
最喜欢	5.21	—	3.13	7.29	3.13	—	2.08	1.04	4.17	51.04	8.33	3.13	1.04
印象最深刻	2.08	—	3.13	5.21	5.21	—	2.08	2.08	3.13	55.21	7.29	3.13	—

四、“服务好”是受访者经常光顾老字号餐馆的首要原因

总体上来看，受访者经常光顾老字号餐馆的最重要的三个原因是“服务好”（39%）、“菜品有特色”（27%）、“就餐环境好”（23%）。

分性别来看，两性受访者都认为“服务好”和“环境好”是选择到老字号餐厅就餐的第一和第三位的因素，而第二位的原因有所不同。对男性受访者来说，第二位的因素是“菜品有特色”，对那女性受访者来说是“价格合理”。从汉语水平来看，不会汉语的受访者表示经常光顾老字号餐馆的前两位的原因是“菜品有特色”（57%）和“服务好”（42%）。而对于会汉语的人来说，首位的因素是“服务好”。另外，随着汉语水平的提高，因为老字号餐馆菜品有特色而经常光顾的受访者比重由 36%下降到 15%。此外，一个

① 张景云、周野：《“全聚德”品牌创新经营及其对餐饮老字号的启示》，《对外经贸实务》2017 年第 4 期，第 20—23 页。

有趣的发现是，对在北京居住时间在 3—6 个月的受访者经常光顾老字号餐馆的首要原因是“菜品有特色”，比重为 44%。从拥有中国朋友的数量来看，受访者到老字号餐馆就餐的原因最分散的是有 11—20 个中国朋友的受访者，例如由于价格合理、价格虽高但物有所值而到老字号就餐的比重分别为 25%、20%。

表 20　经常光顾老字号餐馆的原因

		菜品有特色	价格合理	物有所值	服务好	环境好	知名度高	交通便利	其他
总体		27.19	21.05	10.53	39.47	22.81	20.18	20.18	9.65
性别	男	31.34	17.91	10.45	40.30	22.39	25.37	17.91	8.96
	女	21.28	25.53	10.64	38.30	23.40	12.77	23.40	10.64
汉语水平	不会	57.14	28.57	—	42.86	14.29	28.57	14.29	14.29
	一般	35.56	13.33	6.67	35.56	17.78	17.78	11.11	15.56
	较好	19.05	26.19	11.90	42.86	28.57	21.43	26.19	2.38
	流利	15.00	25.00	20.00	40.00	25.00	15.00	30.00	10.00
居住时长	3 个月以下	42.86	28.57	—	57.14	28.57	14.29	14.29	14.29
	3—6 个月	43.75	12.50	12.50	25.00	31.25	31.25	25.00	18.75
	6—12 个月	28.57	22.86	8.57	37.14	8.57	14.29	2.86	5.71
	1—3 年	17.86	17.86	17.86	39.29	28.57	21.43	28.57	7.14
	3 年以上	21.43	25.00	7.14	42.86	28.57	21.43	32.14	10.71
中国朋友数	0	50.00	50.00	—	33.33	16.67	50.00	16.67	—
	1—5 个	37.14	20.00	14.29	40.00	20.00	14.29	20.00	8.57
	6—10 个	30.77	26.92	3.85	46.15	23.08	15.38	15.38	—
	11—20 个	10.00	25.00	20.00	15.00	15.00	15.00	10.00	25.00
	20 个以上	18.52	14.81	7.41	51.85	33.33	29.63	33.33	11.11

注：“其他”指：朋友带着来；菜好吃；学校会议用餐地点。

五、“菜品有特色”是受访者喜欢老字号餐馆的首要原因

调查发现，受访者喜欢该餐馆的前三位的原因是“菜品有特色”（40%）、“服务好”（31%）、“环境好”（17%），略不同于经常光顾的原因。分性别来看，两性喜欢老字号餐馆的原因分布并无大异。然而，汉语水平对为什么喜欢餐馆有影响。不会汉语或汉语水平一般的受访者喜欢老字号中餐馆的首要原因都是“菜品有特色”，而汉语水平较好甚至流利的受访者喜欢老字号餐馆的首要原因则为“服务好”。根据在北京居住时长而划分的亚样本调查结果表明，随着居住时间的延长，喜欢老字号餐馆的原因越来越多样化，而且认为老字号餐馆菜品有特色的比重随之下降，由50%降到32%。此外，随着中国朋友数量的增加，认为老字号餐馆“菜品有特色”的受访者比重下降，由50%降低到32%。

表21　最喜欢老字号餐馆的原因

		菜品有特色	价格合理	物有所值	服务好	环境好	知名度高	交通便利	其他
总体		39.60	14.85	6.93	30.69	16.83	11.88	9.90	11.88
性别	男	42.11	19.30	8.77	33.33	17.54	10.53	10.53	10.53
	女	36.36	9.09	4.55	27.27	15.91	13.64	9.09	13.64
汉语水平	不会	66.67	16.67	—	16.67	—	33.33	—	—
	一般	46.15	15.38	2.56	15.38	7.69	2.56	7.69	15.38

续表

		菜品有特色	价格合理	物有所值	服务好	环境好	知名度高	交通便利	其他
汉语水平	较好	34. 21	15. 79	7. 89	47. 37	28. 95	13. 16	10. 53	5. 26
	流利	27. 78	11. 11	16. 67	33. 33	16. 67	22. 22	16. 67	16. 67
居住时长	3 月以下	50. 00	16. 67	—	16. 67	—	16. 67	—	—
	3—6 个月	50. 00	18. 75	6. 25	18. 75	31. 25	12. 50	6. 25	18. 75
	6—12 个月	42. 31	11. 54	7. 69	38. 46	3. 85	7. 69	3. 85	7. 69
	1—3 年	34. 62	11. 54	7. 69	34. 62	15. 38	15. 38	19. 23	15. 38
	3 年以上	32. 14	17. 86	7. 14	28. 57	25. 00	10. 71	10. 71	10. 71
中国朋友数	0	60. 00	—	—	20. 00	—	20. 00	—	—
	1—5 个	50. 00	18. 75	3. 13	21. 88	6. 25	12. 50	6. 25	15. 63
	6—10 个	36. 36	18. 18	4. 55	22. 73	31. 82	—	13. 64	9. 09
	11—20 个	29. 41	5. 88	23. 53	23. 53	17. 65	5. 88	5. 88	11. 76
	20 个以上	32. 00	16. 00	4. 00	56. 00	20. 00	24. 00	16. 00	12. 00

注：“其他”：菜好吃。

六、菜品有特色是受访者对老字号餐馆印象深刻的首要原因

问卷列出了 6 对互斥的选项，包括菜品有无特色、价格高低、就餐环境好坏、服务好坏、交通是否便利、名气大小等。调查发现，受访者对老字号餐馆的印象多为正面、积极的印象，只有“服务差”一项是负面的。总体来看，排在前三位的印象是“菜品有特色”（35%）、“服务好”（29%）和“就餐环境好”（25%）。从汉

语水平来看，随着汉语水平的提升，认为老字号餐馆“菜品有特色”的受访者比重显著下降，由不懂汉语时的71%下降到汉语流利时的24%。与以上结果类似，随着在北京居住时间的延长，认为老字号餐馆“菜品有特色”的比重也由71%下降到25%。从拥有中国朋友的数量来看，随着中国朋友数量的增加，认为老字号中餐馆“菜品有特色”的比重也由50%降到20%。

表22　对老字号餐馆印象最深刻的原因

		菜品有特色	价格合理	物有所值	就餐环境好	服务好	服务差	交通便利	名气大
总体		35.24	18.10	0.95	25	28.57	0.95	12.38	10.48
汉语水平	不会	71.43	14.29	—	14.29	14.29	—	—	14.29
	一般	36.59	17.07	2.44	17.07	24.39	2.44	12.20	4.88
	较好	32.50	25.00	—	30.00	42.50	—	15.00	10.00
	流利	23.53	5.88	—	35.29	11.76	—	11.76	23.53
居住时长	3个月以下	71.43	14.29	—	28.57	14.29	—	—	—
	3—6个月	50.00	18.75	—	18.75	25.00	—	18.75	6.25
	6—12个月	28.57	21.43	3.57	21.43	53.57	—	—	3.57
	1—3年	33.33	14.81	—	22.22	18.52	3.70	22.22	11.11
	3年以上	25.00	17.86	—	32.14	17.86	—	14.29	21.43
中国朋友数	0	50.00	—	—	25.00	—	—	—	25.00
	1—5个	50.00	23.53	2.94	14.71	29.41	—	11.76	8.82
	6—10个	29.17	29.17	—	37.50	29.17	4.17	4.17	—
	11—20个	33.33	11.11	—	27.78	33.33	—	16.67	—
	20个以上	20.00	8.00	—	24.00	28.00	—	20.00	28.00

七、58%的受访者知道所列出的餐馆为“中华老字号”

虽然所有列出的 13 家餐馆均为“中华老字号”，并在餐厅外装饰上有明显的标识。但是，调查结果仍然出乎意料，42%的受访者表示不知道这些餐馆是“中华老字号”。

八、从未在所列出的餐馆就餐的原因比较分散

针对没有就餐经历的受访者，问卷询问其原因，以便从另外一个角度分析受访者对老字号的印象。总体上来看，不去就餐的原因中比重最高的是“其他”，包括不喜欢中餐、附近没有、自己做饭等；其次是“价格高”“徒有其名”，其中因为价格高而不去老字号就餐的受访者比例为 28%。值得注意的是，在各子样本中，价格高几乎都是第一位的因素。

表 23　未在老字号餐馆就餐的原因

		菜品无特色	价格高	环境差	服务差	交通不便	徒有其名	其他
总体		8.11	28.38	2.70	2.70	10.81	13.51	47.30
性别	男性	5.41	24.32	5.41	2.70	8.11		51.35
	女性	10.81	32.43	—	2.70	13.51	13.51	43.24

续表

		菜品无特色	价格高	环境差	服务差	交通不便	徒有其名	其他
汉语水平	不会	—	33.33	—	—	33.33	—	—
	一般	17.86	25.00	—	3.57	10.71	7.14	50.00
	较好	3.57	25.00	7.14	—	3.57	17.86	53.57
	流利	—	37.50	—	6.25	18.75	18.75	37.50
居住时长	3个月以下	—	25.00	—	12.50	25.00	—	37.50
	3—6个月	14.29	42.86	—	—	14.29	—	28.57
	6—12个月	11.11	33.33	—	—	5.56	5.56	55.56
	1—3年	4.00	24.00	4.00	4.00	12.00	20.00	40.00
	3年以上	12.50	25.00	6.25	—	6.25	18.75	56.25
中国朋友数	0	14.29	28.57	—	—	28.57	—	28.57
	1—5个	9.09	36.36	—	4.55	4.55	9.09	45.45
	6—10个	11.76	23.53	—	—	17.65	11.76	47.06
	11—20个	—	27.27	9.09	—	—	27.27	54.55
	20个以上	5.88	23.53	5.88	5.88	11.76	17.65	52.94

注：“其他”指不喜欢中餐、附近没有、太远、总想尝试不同的餐馆、喜欢在家自己做等。

九、结论

因为“他形象”决定了企业、品牌的社会地位，在成为有国际影响力的品牌的路上，老字号有必要了解其在外籍人士心目中的形象。为此，我们于2016年5月在北京做了以驻京外籍人士为受访者的问卷调查，以此归纳老字号的国际形象。

通过以餐饮业老字号为目标的调查发现，老字号餐馆的知名度差异较大，随着汉语水平的提高、在京居住时间的延长、中国朋友的增多，受访者知道的老字号餐馆数量逐渐增加。中国人推荐、偶遇、旅游手册是外国人了解老字号餐馆的最重要途径，说明人际传播在老字号餐馆品牌建立中的重要作用。“服务好”是受访者经常光顾老字号餐馆的首要原因，而“菜品有特色”是受访者喜欢老字号餐馆、对老字号餐馆印象深刻的首要原因。这意味着，老字号餐馆的生存根本在于差异化的菜品。虽然全部进入调查的 13 家餐馆均为“中华老字号”，而且所有餐馆均在外装饰上有“中华老字号”标识，但仍然有 42%的受访者不知道这些餐馆是“中华老字号”。未在所调查餐馆有就餐经历的受访者表示，价格高或餐馆徒有其名是其不愿消费的重要原因。

第三部分 北京茶叶“中华老字号”的国际形象

中国是茶之国。本次抽选吴裕泰、张一元、京华三个老字号，调查受访者对茶叶老字号的认知情况。

一、知名度差异大，吴裕泰是知名度最高、受访者最常光临、最喜欢、印象最深刻的茶叶“中华老字号”

根据调查结果，三家老字号的知名度差异大。张一元、京华的知名度在20%上下，而吴裕泰则高达82%，成为知名度最高的茶叶老字号。55%的受访者购买过老字号茶叶。同时，吴裕泰也以远高于其他两家老字号的认可度，成为受访者最常光临、最喜欢同时也是印象最深刻的茶叶老字号。实际上，吴裕泰、张一元都在通过各种重大国际事件传播形象。2008年，张一元作为北京奥运村中国茶艺室的独立运营商，接待了来自150多个国家的一万多名的国际友人，通过150场茶舞表演、180场茶艺表演和以张一元精品茉莉花茶为代表的上百种茶品，让世界了解中国茶文化。2009年，张一元茉莉花茶入选“中国世博十大名茶”，并成为2010年“上海世博会联合国馆指定用茶”。[①] 2014年APEC会议期间，吴裕泰代表北京老字号成为大会赞助商，提供3500套茶礼。[②]

表24 茶叶老字号知名度

	吴裕泰	张一元	京华
知名度	81.82	23.64	18.18
光临次数最多	71.43	7.14	17.86
最喜欢的老字号	69.23	11.54	15.38
印象最深刻的老字号	75.00	8.33	16.67

二、中国人推荐是受访者了解茶叶老字号的首要途径

总体来看，受访者主要通过中国人（37%）、外国人（37%）、

① 何艳、姚梦珊：《“张一元”的品牌文化传承和创新传播》，《公关世界》2017年第11期，第78—82页。

② 贾紫彤：《吴裕泰：好茶百年如一》，《时代经贸》2015年第23期，第61—69页。

偶然碰到（27%）和通过旅游杂志（20%）了解知道北京的茶叶老字号。可见，受访者是主要依靠人际传播的途径而了解茶叶老字号的。分性别来看，男性和女性受访者了解北京茶叶老字号的最主要的三种途径相似，而且与总体情况相似，只是对女性受访者而言，各种途径的比重比男性受访者更平均些。例如，通过旅游杂志、偶遇而知道茶叶老字号的男性受访者的比例均为 29%，而 25%的女性受访者则是偶遇老字号，通过外国人、旅游杂志、网络知道老字号的比重皆为 12.9%。另外，没有男性受访者通过报纸了解茶叶老字号，而女性中的比例为 3%。

从汉语水平来看，不会汉语的受访者完全仰赖中国人、旅游杂志的推荐。随着汉语水平的提高，了解途径渐趋多元，但不同汉语水平的受访者的首要了解途径仍不一致。对汉语水平一般的受访者而言，最主要的了解途径是旅游杂志，汉语较好的人依靠中国人推荐，而汉语流利的人主要依靠偶遇。

从在北京居住的时长来看，居住时间在 3 个月以下的受访者了解老字号的途径最少，只有两种，即中国人推荐和旅游手册；随着居住时间的延长，了解的途径增多，最多的是居住时间 3 年及以上的人，有 6 种。有趣的是，不同居住时长的受访者的最主要的了解途径表现出了差异。对居住时间在 3 个月及以下、6 个月至 3 年的受访者来说，首要途径是中国人推荐；居住时间为 3—6 个月的受访者首要途径是旅游杂志，而在京居住时间长达 3 年或以上的受访者的首要途径是偶遇。从拥有中国朋友的数量来看，有 1—5 个中国朋友的受访者了解老字号的途径最多元，有 6 种，其中比重最高的是中国人推荐；没有中国朋友的受访者的了解途径最少，为 2 种，为旅游杂志、偶遇。另外，对有中国朋友的受访者而言，首要途径都是中国人推荐。

表 25　了解茶叶老字号的途径

		中国人	外国人	旅游杂志	报纸	网络	偶遇	其他
总体		36.36	36.36	20.00	1.82	9.09	27.27	3.64
性别	男	33.33	12.50	29.17	0	4.17	29.17	4.17
	女	38.71	12.90	12.90	3.23	12.90	25.81	3.23
汉语水平	不会	50.00	—	50.00	—	—	—	—
	一般	26.09	21.74	30.43	—	13.04	17.39	4.35
	较好	50.00	5.00	10.00	—	5.00	25.00	5.00
	流利	30.00	10.00	10.00	10.00	10.00	60.00	—
居住时长	3个月以下	66.67	—	33.33	—	—	—	—
	3—6个月	25.00	12.50	50.00	—	—	12.50	12.50
	6—12个月	30.77	23.08	15.38	—	15.38	15.38	7.69
	1—3年	46.67	6.67	20.00	—	—	33.33	—
	3年以上	31.25	12.50	6.25	6.25	18.75	43.75	—
中国朋友数	0	—	—	33.33	—	—	33.33	33.33
	1—5个	29.41	5.88	23.53	5.88	17.65	17.65	5.88
	6—10个	50.00	20.00	20.00	—	—	20.00	—
	11—20个	38.46	7.69	15.38	—	7.69	38.46	—
	20个以上	41.67	25.00	16.67	—	8.33	33.33	—

注：“—”表示该数据为0；在所列出的8个备选答案中，没有受访者通过“电视”知道茶叶品牌，故不在统计表中列出。

三、茶叶质量好是受访者经常光临老字号茶行的首要原因

为了探析受访者经常光临老字号的原因，问卷列出了包括茶叶本身（种类、质量、价格）、服务、知名度、购物环境、交通便利等 7 个选项。总体来看，58%的受访者因为质量好而经常光顾，第二位的因素是购物环境好（21%）。分性别来看，虽然质量好都是其经常光临老字号的原因，但比重差异较大：男性为 47%，女性为 67%。同时，第二和第三位的原因也有不同。对男性受访者而言，服务好（27%）、知名度高（27%）并列成为其经常光临的第二位的原因，而种类多（13%）、交通便利（13%）则并列为第三位的原因。对女性而言，第二、三位的原因则为价格合理（22%）、知名度高（17%）。

表 26　经常光临茶叶老字号的原因

		种类多	质量好	价格合理	服务好	知名度高	购物环境好	交通便利	其他
总体		12. 12	57. 58	15. 15	12. 12	21. 21	6. 06	12. 12	12. 12
性别	男	13. 33	46. 67	6. 67	26. 67	26. 67	6. 67	13. 33	6. 67
	女	11. 11	66. 67	22. 22	—	16. 67	5. 56	11. 11	16. 67

四、茶叶质量好是受访者最喜欢老字号的首要原因

总体而言，56%的受访者因为茶叶质量好而喜欢，22%的受访者因为种类多、服务好而喜欢。分性别来看，喜欢的原因差异不大，最主要的原因都是质量好，只是两者的比重略有不同，男性受访者的比重为47%、女性受访者的比重则为59%。从汉语水平来看，在各个汉语水平上，质量好都是受访者钟爱该品牌的首要原因，而第二位的原因有较大差异。汉语水平一般、较好、流利的受访者喜欢老字号的第二位的原因分别是知名度高（25%）、服务好（25%）和价格合理（33%）、购物环境好（33%）。

从拥有中国朋友的数量来看，除有20个以上中国朋友的受访者外，其他组都将“质量好”列为其喜欢该品牌的首要原因，但是比重差异较大。有1—5个中国朋友时，因为“质量好”而喜欢该品牌的比重为60%；有1—10个中国朋友时，比重上升至83%；而当中国朋友达到20个时，比重反而下降为25%。对拥有20个以上中国朋友的受访者来说，喜欢的原因更加分散，首要的原因是“种类多”，其次才是“质量好”“知名度高”“环境好”。

表27　最喜欢茶叶老字号的原因

		种类多	质量好	价格合理	服务好	知名度高	购物环境好	交通便利	其他
总体		21.88	56.25	15.63	21.88	18.75	12.50	6.25	9.38
性别	男	17.65	47.06	5.88	17.65	17.65	11.76	11.76	5.88
	女	23.53	58.82	23.53	23.53	17.65	11.76	—	11.76

续表

		种类多	质量好	价格合理	服务好	知名度高	购物环境好	交通便利	其他
中文水平	不会	50.00	50.00	—	50.00	—	50.00	—	—
	一般	16.67	58.33	8.33	16.67	25.00	8.33	8.33	16.67
	较好	33.33	58.33	16.67	25.00	16.67	—	8.33	—
	流利	—	50.00	33.33	16.67	16.67	33.33	—	16.67
中国朋友数	0	—	33.33	33.33	33.33	33.33	—	—	—
	1—5 个	20.00	60.00	20.00	20.00	30.00	—	—	—
	6—10 个	33.33	83.33	—	16.67	—	—	33.33	—
	11—20 个	—	80.00	20.00	20.00	—	40.00	—	20.00
	20 个以上	37.50	25.00	12.50	12.50	25.00	25.00	—	25.00

五、茶叶质量好是受访者对茶叶老字号印象深刻的首要原因

问卷列出了包括茶叶种类、质量、价格、服务、知名度、购物环境、交通等 7 对选项共受访者选择，实际上，受访者的选择仅限于表中的 7 项，而且只有“茶叶种类少”是负面的选项。这表明，受访者对茶叶老字号的印象是积极、正面的。具体来看，63%的受访者表示“质量好”是其对茶行印象深刻的原因。除此之外，第二、三位的原因分别是“知名度高”（33%）和“茶叶种类多”（30%）。

表 28　对茶叶老字号印象深刻的原因

原因	百分比（%）	原因	百分比（%）
茶叶种类多	29.63	销售服务好	25.93
茶叶种类少	7.41	知名度高	33.33
茶叶质量好	62.96	交通便利	11.11
茶叶价格合理	22.22	其他	18.52

六、半数受访者知道所调查的品牌是“中华老字号”，而不在乎茶叶品牌是受访者未光临老字号茶行的首要原因

吴裕泰、张一元、京华均为“中华老字号”。然而，受访者中的一般表示不知道它们是老字号。由于45%的受访者没有在老字号的消费经历，问卷在最后询问这一部分受访者不消费的原因。问卷共列出了8个选项，即不喜欢中国茶，喜欢中国茶但不在乎品牌，该品牌茶叶种类少，茶叶质量差，茶叶价格高，销售服务差，购物环境差，交通不便。根据调查结果，61%的受访者表示喜欢中国茶，但并不在乎品牌。这似乎能解释，因为多数外籍人士无法分清茶叶的质量和品级。

表 29　未曾光顾茶叶老字号的原因

原因	百分比（%）	原因	百分比（%）
不喜欢中国茶	6.06	服务差	3.03
喜欢中国茶但不在乎品牌	60.61	茶行交通不便	9.09
茶叶价格高	9.09	其他	21.21

注：“其他”表示不了解。

七、结论

因为“他形象”决定了企业、品牌的社会地位，在成为有国际影响力的品牌的路上，老字号有必要了解其在外籍人士心目中的形象。为此，我们于 2016 年 5 月在北京做了以驻京外籍人士为受访者的问卷调查，以此归纳老字号的国际形象。

调查发现，知名度差异大，吴裕泰是知名度最高、受访者最常光临、最喜欢、印象最深刻的茶叶“中华老字号”。中国人推荐是受访者了解茶叶老字号的首要途径，这说明人际传播的重要性。茶叶质量好是受访者经常光顾、最喜欢、印象最深刻的茶叶老字号的首要原因，再次验证产品质量是任何企业生存更是长寿的根本保障。吴裕泰、张一元、京华均为“中华老字号”。然而，受访者中的一般表示不知道它们是老字号。对于 45% 没有消费经历的受访者，其首要的原因是，喜欢中国茶，但并不在乎品牌。

第四部分
北京中医药“中华老字号”的国际形象分析

问卷抽选了同仁堂、白塔寺大药店、鹤年堂、德寿堂、永安堂共 5 家中医药“中华老字号”，了解受访者对其的认知情况。在全部接受访问的169名对象中，有69人至少知道列出的5家中医药老字号的1家，详细调查结果如下。

一、中医药老字号的知名度差异大，同仁堂知名度最高

在5家老字号中，同仁堂、白塔寺药店的知名度最高，分别为70%和26%，其他三家的知名度均未超过10%。分性别来看，在男性受访者中，同仁堂、白塔寺、鹤年堂、德寿堂在男性受访者中的知名度均超过10%，其中以同仁堂为最高（57%）。在女性受访者中，只有同仁堂、白塔寺药店的知名度超过20%，其中同仁堂高达82%。调查显示，受访者汉语水平对中医药老字号的了解有显著影响：不会汉语的受访者只知道同仁堂，而随着汉语水平的提高，5家中医药老字号的知名度均有所提高，尤其同仁堂的知名度提高显著。

受访者在京居住时长与中医药老字号的知名度之间的关系很有趣。居住时间在3个月以下的受访者对所列出的五家老字号一无所知。当居住时间延长到3—6月时，受访者知道5家老字号中的3家。而当居住时间延长到6—12个月时，受访者知道列出的全部5家中医药老字号。有趣的是，当居住时间超过1年时，受访者知道的老字号数量由5家降低为4家，可能是消费黏性所致。而且，在居住时间长达1年或更长时，同仁堂的知名度高达75%或以上。

中国朋友数量的作用也很有意思。当没有中国朋友和中国朋友数量达到 11—20 个时，只知道同仁堂、鹤年堂两家中医药老字号，此时，同仁堂的知名度分别高达 100%和 63%。当拥有 1—5 个中国朋友时，受访者知道全部 5 家老字号，仍然是同仁堂、鹤年堂的知名度最高。当中国朋友数量增加到 6—10 个或 20 个以上时，所知道的老字号数量下降为 4 家，同仁堂的知名度仍然高达 85%和 69%。

同仁堂的高知名度似乎并不令人惊讶。实际上，1989 年国家工商总局将全国第一个“中国驰名商标”授予同仁堂。①同仁堂在香港建成了海外首家生产研发基地，在东南亚及加拿大、澳大利亚、阿联酋等海外 19 个国家和地区开办了近 110 家零售终端。2010 年，同仁堂与国家汉办孔子学院总部签订战略合作协议，建立文化传播新平台。2012 年 12 月，北京同仁堂波兰有限公司在华沙成立，侧重推广中医药养生文化、理念和方式，同时开办汉语班、做中国名茶体验等活动。2012 年，同仁堂与亚太卫视签署合作协议，共同创建覆盖全球 70% 的国家和地区的同仁堂保健、养生电视频道，向海外宣传和弘扬中医药文化。②

表 30　中医药老字号的知名度

		同仁堂	白塔寺	鹤年堂	德寿堂	永安堂
总体		69.57	26.09	5.80	8.70	4.35
性别	男	57.14	25.71	11.43	11.43	5.71
	女	82.35	26.47	0.00	5.88	2.9

① 王尚来：《同仁堂长寿之道》，《当代电力文化》2013 年第 10 期，97 页。

② 伊祁：《北京同仁堂：老字号的海外之路》，《中国报道》2014 年第 12 期，68 页。

续表

		同仁堂	白塔寺	鹤年堂	德寿堂	永安堂
汉语水平	不会	—	50.00	—	—	—
	一般	55.00	35.00	10.00	5.00	5.00
	较好	78.57	21.43	3.57	14.29	3.57
	流利	73.68	21.05	5.26	5.26	5.26
居住时长	3个月以下	—	—	—	—	—
	3—6个月	66.67	16.67	—	—	16.67
	6—12个月	52.63	31.58	5.26	10.53	10.5
	1—3年	76.19	23.81	9.52	9.52	—
	3年以上	75.00	25.00	4.17	8.33	—
中国朋友数	0	100	—	—	50	—
	1—5个	61.90	19.05	9.52	9.52	9.52
	6—10个	85.71	14.29	7.14	—	7.14
	11—20个	62.50	43.75	—	—	—
	20个以上	68.75	31.25	6.25	18.75	—

注：多数题为多选题，百分比之和可能超过100%。

二、偶遇、中国人推荐、网络是受访者了解中医药老字号的最重要途径

为了解外籍人士了解中医药老字号的途径，我们列出了8个选项，包括人际传播（中国人、外国人）、纸媒（旅游杂志、报纸）、传统媒体（电视）、互联网、偶遇。调查发现，总体来看，前三位的了解途径分别是偶然碰到、中国同事或朋友的介绍、网络。其中，偶然碰到的比率高达34%，在预料之外。这可能是因为，即使有中

国朋友，聊到中医药的机会比较少，除非身体抱恙，需要就医或吃药。中国同事、亲朋的推荐让我们意识到中国人在推动外籍人士了解老字号中的重要性。调查也发现，互联网的作用远远超过传统媒体如旅游手册、报纸和电视。分性别来看，男性了解中医药老字号的前三位途径分别是偶遇、中国同事或亲朋、旅游杂志与网络，而女性了解的前三位途径分别是中国朋友、偶遇、旅游杂志。换句话说，两性在了解途径上差异明显，女性更倾向于通过人际传播和传统媒体了解中医药老字号。这为同仁堂的海外发展路径提供了支持。在新进入海外市场时，同仁堂首先在当地唐人街或曝光率高的地方开设门店，吸引当地华人光顾，再由他们向外国朋友推荐。此外，同仁堂还积极利用海外媒体开展传播。例如在澳大利亚《新快报》上连载小说《大清药王》。[①]

汉语水平对了解中医药老字号有影响。在不会汉语的受访者中，50%通过外国朋友了解中医药老字号。随着汉语水平的提高，了解趋向多元化，而且每种途径的重要性分散化。例如，表示汉语水平一般的受访者通过 6 种途径了解老字号，而表示汉语水平较好及流利的受访者则有 7 种途径。另外，即使是汉语水平达到较好或流利的程度，仍然有 35%左右的受访者通过偶遇而认识老字号。从在京居住时长来看，居住 6—12 个月及 3 年以上的受访者了解老字号的途径最多元，但两个群体的主要了解途径仍有差异。居住 6—12 个月的受访者通过偶遇老字号的比率高达 56%，其次是通过外国朋友和互联网。而对居住时间超过 3 年的受访者来说，最主要的途

---

① 张景云、张颖璐：《北京同仁堂品牌的海外传播策略》，《青年记者》2016 年第 2 期（下），第 94—95 页。

径是通过中国朋友的推荐，其次是偶遇和旅游杂志。

中国朋友的多少对了解中医药老字号的途径有明显影响。没有中国朋友的受访者，主要通过网络、偶遇；而有 1—5 个中国朋友的受访者了解中医药老字号的途径最多元，其中 43%的人通过中国朋友的推荐，偶遇的比例也高达 24%。

表 31　受访者了解中医药老字号的途径

		中国人	外国人	旅游杂志	报纸	电视	网络	偶遇	其他
总体		32. 86	7. 14	17. 14	5. 71	5. 71	15. 71	34. 29	7. 14
性别	男	27. 78	11. 11	13. 89	2. 78	5. 56	13. 89	36. 11	5. 56
	女	38. 24	2. 94	20. 59	8. 82	5. 88	17. 65	32. 35	8. 82
汉语水平	不会	—	50. 00	—	—	—	—	—	—
	一般	36. 36	9. 09	13. 64	—	4. 55	13. 64	36. 36	13. 64
	较好	32. 14	3. 57	14. 29	10. 71	3. 57	21. 43	35. 71	3. 57
	流利	33. 33	5. 56	27. 78	5. 56	11. 11	5. 56	33. 33	5. 56
居住时长	3 个月以下	—	—		—	—	—	—	—
	3—6 个月	33. 33	16. 67	16. 67	—	—	16. 67	16. 67	—
	6—12 个月	11. 11	16. 67	5. 56	11. 11	5. 56	16. 67	55. 56	
	1—3 年	36. 36	—	18. 18	—	9. 09	9. 09	27. 27	9. 09
	3 年以上	45. 83	4. 17	25. 00	8. 33	4. 17	20. 83	29. 17	8. 33
中国朋友数	0	—	—	—	—	—	50. 00	50. 00	—
	1—5 个	42. 86	9. 52	19. 05	4. 76	4. 76	19. 05	23. 81	4. 76
	6—10 个	12. 50	6. 25	18. 75	6. 25	—	6. 25	43. 75	12. 50
	11—20 个	43. 75	12. 50	6. 25	12. 50	12. 50	6. 25	37. 50	—
	20 个以上	33. 33	—	26. 67	—	6. 67	26. 67	33. 33	33. 33

注：多数题为多选题，百分比之和可能超过 100%。

三、近半数受访者有中医药老字号消费经历，最常光顾、最喜欢、印象最深刻的老字号均为同仁堂

47%的受访者表示曾经在列出的中医药老字号有消费经历。在有购买经历的人中，光临次数最多的老字号是同仁堂、白塔寺药店，比例分别为65%、13%，其他两家药店的比例均未超过5%，永安堂则没有一位受访者光临过（故不在表32中列出）。

在5家老字号中，受访者最喜欢的是同仁堂，比例高达83%，远远超过其他老字号。同样，同仁堂以67%的比重成为受访者印象最深刻的老字号。

表32　最常光顾、最喜欢、印象最深刻的中医药老字号

	同仁堂	白塔寺	鹤年堂	德寿堂
光临次数最多	65.22	13.04	4.35	4.35
最喜欢	82.76	13.79	6.90	3.45
印象最深刻	66.67	18.52	7.41	3.70

四、药品质量好是受访者经常光临老字号药店的首要原因

为了解受访者在中医药老字号消费的原因，我们分别从药品（种类、质量、价格）、服务、购物环境、知名度、交通、坐堂医生

等方面列出了8个选项。总体来看，吸引消费者到中医药老字号消费的首要原因为药品质量好（43%），其次为药品种类多（19%）及销售服务好（14%）。可见，药品质量是老字号吸引消费者的核心竞争力。

分性别来看，男性和女性受访者虽然都表示药品质量好是到中医药老字号消费的首要原因，但其重要性仍有差异。对男性而言，只有30%的受访者认为消费的首要原因是药品质量好，其次是药品种类多（20%）和药品价格合理（15%）及交通便利（15%）。对女性而言，高达59%的受访者表示之所以到中医药老字号购物是因为药品质量好，其他主要原因包括销售服务好（24%）、药品种类多（18%）和药店知名度高（18%）。

从汉语水平来看，完全不会汉语的人因为交通便利而选择光临老字号。而对于会汉语的外籍人士而言，到中医药老字号消费的原因相对多元，虽然药品质量好仍然是首要原因，但其比例有明显变化。对汉语水平一般的受访者，高达56%的人是因为质量好而到老字号消费，而对汉语较好或流利的人而言，这一比例分别下降到44%和33%。

中国朋友的数量对到中医药老字号消费的原因也有影响。对于没有中国朋友的外籍人士而言，吸引他们的是销售服务。而对于有中国朋友的受访者而言，中医药老字号最吸引人的是药品质量好。有趣的是，对于有1—5个中国朋友的受访者而言，认为中医药老字号质量好的比例高达63%，而对于拥有更多中国朋友的受访者而言，这一比例却在下降。例如，有20个以上中国朋友的受访者表示，其到中医药老字号消费的首要原因是药品种类多（45%），而不是质量（18%）。

表 33　最常光顾中医药老字号的原因

		药品种类多	药品质量好	药品价格合理	销售服务好	购物环境好	药店知名度高	药店交通便利	坐堂医生好
总体		18.92	43.24	10.81	13.51	2.70	10.81	10.81	5.41
性别	男	20.00	30.00	15.00	5.00	—	5.00	15.00	5.00
	女	17.65	58.82	5.88	23.53	5.88	17.65	5.88	5.88
汉语水平	不会	—	—	—	—	—	—	50	—
	一般	11.11	55.56	22.22	11.11	—	—	—	11.11
	较好	27.78	44.44	11.11	22.22	5.56	11.11	11.11	—
	流利	11.11	33.33	—	—	—	22.22	11.11	11.11
中国朋友数	0	—	—	—	100	—	—	—	—
	1—5 个	12.50	62.50	—	12.50	—	—	—	—
	6—10 个	14.29	57.14	28.57	14.29	—	—	—	14.29
	11—20 个	—	50.00	10.00	10.00	—	10.00	20	10
	20 个以上	45.45	18.18	9.09	9.09	9.09	9.09	18.18	—

五、药品质量好是受访者喜欢老字号的首要原因

对于最喜欢的老字号，受访者相信是因为药品质量好（40%）。除购物环境（3%）的比例较低外，其他各项的比例均超过 10%。但是，没有一位受访者选择“坐堂医生好”。分性别来看，虽然全部受访者都认为“药品质量好”是喜欢该药店的首要原因，但其比重差异较大。31%的男性受访者因为“药品质量好”而喜欢该药店，而同一指标在女性受访者中高达 47%。同时，第二位的原

因对男性而言是“药品价格合理”，而对女性而言则是“药店知名度高”。

表 34　最喜欢中医药老字号的原因

		药品种类多	药品质量好	药品价格合理	销售服务好	购物环境好	药店知名度高	药店交通便利	其他
总体		15.15	39.39	15.15	12.12	3.03	15.15	15.15	12.12
性别	男	12.50	31.25	18.75	6.25	—	6.25	12.50	12.50
	女	17.65	47.06	11.76	17.65	5.88	23.53	17.65	11.76

注：“其他”指不知道别的店。

六、药品质量好是受访者对中医药老字号印象深刻的首要原因

为了考察受访者对老字号印象深刻的原因，我们列出了 8 对选项，每对选项是互斥的。例如，“交通便利”对应“交通不便”。根据调查结果，受访者的答案涉及了 14 个选项，具体见表 35。根据调查，“药物质量好”是中医药老字号令人印象深刻的原因，其次是“药物种类多”和“药物价格合理”。此外，调查也发现，中医药老字号令受访者印象深刻，并不单单因为正向的原因，也有负面的因素，比如药物种类很少（2.7%），药物质量差（5.4%），药物价格高（2.7%），交通不便（2.7%），药店徒有其名（2.7%），当然所占比例并不高。

表 35　对中医药老字号印象最深刻的原因

原因	百分比（%）	原因	百分比（%）
药物种类多	29.73	药店知名度高	10.81
药物种类少	2.70	药店徒有其名	2.70
药物质量好	40.54	销售服务好	10.81
药物质量差	5.41	购物环境好	5.41
药物价格合理	21.62	坐堂医生好	2.70
药物价格高	2.70	其他	10.81
交通便利	13.51	交通不便	2.70

注："其他"包括：不知道别的药店。

七、近半数受访者知道所调查的中医药店是中华老字号

虽然进入调查的中医药店均为"中华老字号"，但根据调查结果，只有47%的受访者知道它们是"中华老字号"。

八、没有特色是受访者不光临老字号的首要原因

在所列出的选项中，没有一个受访者选择有关坐堂医生的选项。总体来看，高达28%的受访者因为中医药老字号没有特色，或者说药品与其他药店没有明显区别，而从未有消费经历。第二位的原因是不相信中医药，认为其不科学。另外，有高达41%的受访者

因为从未在北京生过病，所以不需要去药店。分性别来看，差异不太明显，只是女性认为中医药老字号没有特色的比例达35%，远高于男性的21%。

从受教育水平来看，随着教育程度的提高，因为“不相信中医药”而没有去过中医药老字号的受访者比例有显著提高，拥有博士学位的受访者中的比例更高达67%，同时“购物环境差”和“销售服务差”的比重也有显著提高。

从在北京居住的时间长短来看，在6个月以下的人中只有1人填写问卷，表示从未在北京生过病，所以没去过中医药老字号（故不收入表中）。具体来看，随着居住时间的延长，不相信中医药的受访者比例在下降，由6—12个月时的18%降为3年以上的11%。同时，随着居住时间的延长，认为中医药老字号没有特色的受访者比例却在上升，最高比例出现在居住1—3年的人群中，比例为44%。

中国朋友的数量也能解释不去中医药老字号购物的原因。随着中国朋友数量的增加，不相信中医的受访者比例显著下降，从没有中国朋友时的50%下降到有20个以上中国朋友时的11%。但同时，认为老字号没有特色的比例在有1—5个中国朋友的受访者群体中高达41%，而随着中国朋友数量的不断增加，该比例有所下降。另外，在有20个以上中国朋友的受访者中，有22%的人认为老字号产品价格高，是其不曾光顾的原因。

表36　未光临中医药老字号的原因

	不信中医	无特色	价格高	销售服务差	购物环境差	交通不便	其他
总体	15.69	27.45	5.88	5.88	3.92	5.88	41.18

续表

		不信中医	无特色	价格高	销售服务差	购物环境差	交通不便	其他
性别	男	14.29	21.43	7.14	7.14	—	3.57	46.43
	女	17.39	34.78	4.35	4.35	8.70	8.70	34.78
教育水平	高中或以下	7.14	28.57	7.14	7.14	7.14	—	42.86
	本科	11.54	38.46	3.85	3.85	—	7.69	38.46
	硕士	25.00	—	12.50	—	—	12.50	50.00
	博士及以上	66.67	—	—	33.33	33.33	—	33.33
居住时长	6—12 个月	18.18	18.18	—	9.09	9.09	—	45.45
	1—3 年	18.75	43.75	12.50	—	—	6.25	18.75
	3 年以上	11.11	22.22	—	11.11	5.56	5.56	55.56
中国朋友数	0	50.00	—	—	—	—	—	50
	1—5 个	17.65	41.18	—	—	5.88	—	35.29
	6—10 个	10.00	10.00	—	—	—	20.00	20.00
	11—20 个	15.38	15.38	7.69	15.38	—	—	46.15
	20 个以上	11.11	22.22	22.22	11.11	11.11	11.11	44.44

注："其他"包括：没生过病、不需要去药店也没有机会去。

九、结论

因为"他形象"决定了企业、品牌的社会地位，在成为有国际影响力的品牌的路上，老字号有必要了解其在外籍人士心目中的形象。为此，我们于 2016 年 5 月在北京做了以驻京外籍人士为受访者的问卷调查，以此归纳老字号的国际形象。

调查数据表明，中医药老字号的知名度差异大，同仁堂知名度最高。同时，受访者汉语水平的提高、在京居住时间的延长、中国朋友的数量对中医药老字号的知名度都有明显的推动作用。偶遇、中国人推荐、网络是受访者了解中医药老字号的最重要途径。同时，与男性相比，女性更倾向于通过人际传播和传统媒体了解中医药老字号。近半数受访者有中医药老字号消费经历，最常光顾、最喜欢、印象最深刻的老字号都是同仁堂，而最常光顾、最喜欢、印象最深刻的首要原因一致，均为药品质量好。虽然全部进入调查的中医药店均为“中华老字号”，但仅有47%的受访者知道它们是“中华老字号”。同时，无特色、不相信中医是受访者未曾光顾中医药老字号的重要原因。可见，传承与创新的兼顾是老字号发展的根本，正如德寿堂创始人康伯卿曾说：“为人一生，切要有所发明、创新。自古以来，中成药有进展之新药剂，均以古方为本，改进而成。”[①]同时，虽然据不完全统计，到同仁堂海外药店咨询、就诊的人士已超过3000万人次，数以亿计的海外人士认识了北京同仁堂。[②]但由于迥异于西药的原理，仍然有很多西方人士不接受中医，中医药的推广仍然任重而道远。

① 闻德：《“原汁原味”老药铺——德寿堂药店90余年风雨历程》，《首都医药》2012年第10期（上），第36—38页。

② 伊祁：《北京同仁堂：老字号的海外之路》，《中国报道》2014年第12期，第68页。

第五部分
北京服装鞋帽业“中华老字号”的国际形象

地域文化是老字号品牌良好生存的源头，老字号因此不仅成为地方习俗的重要载体，更是区别于其他城市文化的重要标志之一，体现了独特的地域文化价值。由于各个地域环境都存在着文化观念差异，所以各个地域的生活方式与观念也不尽相同，老字号品牌从而产生出与本地文化相符的个性，这也成为制约其突破地域局限，向外部发展的屏障之一。然而，纺织服装行业相对于餐饮等其他行业而言，产品具有普遍的适应性，因此所受地域性局限相对较小，可以在较大地理范围甚至全国、海外开拓新市场。这也为纺织服装行业的老字号在借鉴本地域发展的经验延伸市场并进行适当的市场创新提供了先天条件。[①]由此，我们期待服装鞋帽业老字号的国际知名度。问卷列出了瑞蚨祥、步瀛斋、内联升、同升和、宝石、盛锡福共 6 家在北京地区的“中华老字号”，以此了解受访者对该行业老字号的认知。

① 秦州、张莹：《纺织服装行业老字号品牌创新研究》，《铜陵学院学报》2013 年第 6 期，第 57—61 页。

一、老字号知名度较低而差异不大，宝石的知名度最高

根据调查结果，列出的6家老字号在受访者中的知名度均不高，未超过40%，各老字号之间的差异不显著。例如，宝石的知名度最高，为34%，其次为瑞蚨祥、同升和，比重均为26%，而步瀛斋、盛锡福的知名度仅为11%。

分性别来看，六家老字号的知名度与总体情况稍有不同。在男性受访者中，知名度最高的是宝石（38%），其次是并列的瑞蚨祥、内联升和同升和，比重均为19%，接下来是步瀛斋和盛锡福，比重均为14%。在女性受访者中，知名度最高的是瑞蚨祥（36%）和同升和（36%），其次是宝石（29%），接下来是内联升（14%）、步瀛斋（7%）和盛锡福（7%）。

分教育学历来看，在各教育水平的受访者中，宝石的知名度均最高，但在有博士学位的样本中，其知名度最高，且与内联升并列，知名度为40%。在硕士、博士两个次样本中，没有一个受访者知道步瀛斋。从汉语水平来看，在这一个问题上，每位受访者都会汉语。在汉语水平“一般”和“较好”的受访者中，知名度最高的均为宝石，比重分别为35%和41%，而在汉语流利的受访者中，知名度最高的是瑞蚨祥（50%）。分居住时长的统计数据表明，在北京居住时间3—6个月和3年以上的受访者所知道的品牌数最多，为5个，而停留时间不超过3个月的受访者知道的品牌数最少，为2个。与总体情况不同的是，在停留3—6个月的受访者中内联升的知名度最

高，达 50%，在居住时间为 6—12 个月的亚样本中，盛锡福的知名度最高，为 37.5%。从中国朋友的数量来看，各亚样本的统计结果与总体情况也有差异。有 1—5 个中国朋友的受访者知道的品牌数最多，即 6 个，而且各品牌的知名度差异并不大，例如最高知名度的有 3 家，为瑞蚨祥、宝石和盛锡福，比重均为 22%，其他三家的知名度也达到 11%。没有中国朋友的受访者知道的品牌最少，仅 1 个，即同升和。在拥有 11—20 个中国朋友的受访者中，知名度最高是同升和，比重达 43%。在有 20 个以上的中国朋友的亚样本中，瑞蚨祥、同升和、宝石的知名度最高，均为 40%。

表 37　服装鞋帽业老字号的知名度

		瑞蚨祥	步瀛斋	内联升	同升和	宝石	盛锡福
总体		25.71	11.43	17.14	25.71	34.29	11.43
性别	男	19.05	14.29	19.05	19.05	38.10	14.29
	女	35.71	7.14	14.29	35.71	28.57	7.14
教育水平	高中及以下	11.11	11.11	22.22	22.22	33.33	—
	本科	33.33	25.00	8.33	25.00	33.33	16.67
	硕士	33.33	—	11.11	33.33	33.33	11.11
	博士	20.00	—	40.00	20.00	40.00	20.00
汉语水平	一般	23.53	5.88	11.76	23.53	35.29	23.53
	较好	16.67	8.33	33.33	33.33	41.67	—
	流利	50.00	33.33	—	16.67	16.67	—
居住时长	3 个月以下	—	—	—	50.00	—	50.00
	3—6 个月	16.67	33.33	50.00	16.67	33.33	—
	6—12 个月	25.00	—	—	25.00	25.00	37.50
	1—3 年	40.00	—	—	30.00	50.00	—
	3 年以上	22.22	22.22	33.33	22.22	33.33	—

续表

		瑞蚨祥	步瀛斋	内联升	同升和	宝石	盛锡福
中国朋友数	0	—	—	—	100.00	—	—
	1—5个	22.22	11.11	11.11	11.11	22.22	22.22
	6—10个	37.50	25.00	25.00	—	50.00	12.50
	11—20个	—	14.29	28.57	42.86	28.57	—
	20个以上	40.00	—	10.00	40.00	40.00	10.00

二、中国人推荐、偶遇是受访者了解服装鞋帽业老字号的首要途径

在所列出的7种途径中，“报纸”没有一个受访者选择，因此在汇总表中删除。总样本的统计数据表明，中国朋友的推荐、偶遇位居第一，比重高达42%，居于第二位的是旅游杂志，比重为16%。分性别来看，女性了解服装鞋帽类老字号的最重要的途径与男性有所不同。对男性而言，最重要的两个途径是中国朋友的推荐（53%）和偶遇（32%）。对女性受访者而言，最重要的两个途径是偶遇（58%）和中国朋友的推荐（25%）。从汉语水平来看，中国人推荐的比重在“汉语较好”的样本中比重最高，为80%；“偶遇”的比重在“汉语流利”的样本中最高达83%。

表38　了解服装鞋帽业老字号的途径

	中国人	外国人	旅游杂志	电视	网络	偶遇
总体	41.94	3.23	16.13	3.23	12.90	41.94

续表

		中国人	外国人	旅游杂志	电视	网络	偶遇
性别	男	52.63	—	15.79	5.26	15.79	31.58
	女	25.00	8.33	16.67	—	8.33	58.33
汉语水平	一般	26.67	6.67	20.00	—	13.33	46.67
	较好	80.00	—	20.00	10.00	10.00	10.00
	流利	16.67	—	—	—	16.67	83.33
居住时长	3 个月以下	—	—	—	—	—	100
	3—6 个月	50.00	—	33.33	—	33.33	—
	6—12 个月	28.57	14.29	28.57	14.29	14.29	28.57
	1—3 年	40.00	—	—	—	—	60
	3 年以上	57.14	—	14.29	—	14.29	—
中国朋友数	0	—	—	—	—	—	100
	1—5 个	28.57	14.29	28.57	—	14.29	28.57
	6—10 个	28.57	—	28.57	—	28.57	42.86
	11—20 个	83.33	—	—	—	—	33.33
	20 个以上	40.00	—	10.00	10.00	10.00	50.00

从居住时长来看，在北京停留 3 个月以下的受访者了解老字号完全靠“偶遇”，而随着居住时间的延长，途径越来越多，在停留时间达到 6—12 个月时，达到最高峰，即 6 种途径。在此样本中，不同途径的重要性相对平均，例如中国人推荐、偶遇、旅游杂志的比重均为 29%，而其他三种途径的比重均为 14%。在居住时间 1—3 年的亚样本中，只有两种途径，偶然碰到的比重高达 60%，中国人推荐的比重为 40%。在居住时间 3 年以上的受访者中，中国人推荐（57%）是最重要的途径，其次为旅游杂志和网络，均为 14%。从中国朋友的数量来看，对没有中国朋友的受访者而言，了解老字号

的唯一途径是偶遇，对有中国朋友的受访者而言，中国人推荐的作用显著，中国人推荐的比重从有1—5个中国朋友时的29%提高到11—20个朋友时的83%。而且，有11—20个中国朋友的受访者仅靠中国人推荐（83%）和偶遇来了解老字号。有趣的是，当中国朋友数量增加到20个以上时，了解途径又发生了变化，位居首位的是偶遇（50%），其次是中国人推荐（40%），接下来是重要性相等的三种途径，即旅游杂志、电视和网络，比重为10%。

三、66%的受访者未有老字号消费经历，产品不适合自己是首要原因

在接受访问的人中，有老字号购买经历的占34%。这意味着66%的受访者不曾在老字号消费过，原因何在？总体来看，30%的受访者表示因为"产品不适合自己"而没有购买，另有18%的受访者表示"喜欢中国风格，但不在意品牌"。另外，有15%的受访者表示"不喜欢中国风格"。分性别来看，男性不购买的首要原因是"不适合自己"，比重为38%；女性不购买的首要原因则为"不喜欢中国风格"，比重为33%，其次为"价格高"，比重为25%。从中文水平来看，不论中文水平如何，不购买的首要原因皆为"不适合"，只是在不同亚样本中的比重有所不同。在汉语一般、较好的样本中，"不适合"的比重分别为28%和27%，而在汉语流利的受访者中，该比重高达50%。

表 39　不曾在老字号消费的原因

		不爱中国风	爱中国风，但不在意品牌	不适合	不时尚	种类少	质量差	价格高	环境差
总体		15.15	18.18	30.30	12.12	15.15	6.06	12.12	6.06
性别	男	4.76	19.05	38.10	9.52	19.05	—	4.76	9.52
	女	33.33	16.67	16.67	16.67	8.33	16.67	25.00	—
中文水平	不会	—	—	—	—	—	—	—	—
	一般	16.67	16.67	27.78	5.56	11.11	—	5.56	5.56
	较好	18.18	18.18	27.27	18.18	27.27	9.09	18.18	9.09
	流利	—	25.00	50.00	25.00	—	25.00	25.00	—

四、最常光临、最喜欢、印象最深刻的老字号有差异

宝石、内联升、同升和以 17%的选择率并列成为受访者光临次数最多的老字号，其他三家的比重均未超过 10%。宝石以 29%的比重成为受访者最喜欢的老字号，而印象最深刻的老字号则是内联升。

表 40　最常光临、最喜欢、印象最深刻的老字号

	瑞蚨祥	步瀛斋	内联升	同升和	宝石	盛锡福
知名度	25.71	11.43	17.14	25.71	34.29	11.43
光临次数最多	8.33	8.33	16.67	16.67	16.67	8.33
最喜欢的老字号	14.29	7.14	21.43	14.29	28.57	7.14
印象最深刻的老字号	18.18	9.09	27.27	18.18	18.18	9.09

五、产品质量好是受访者经常光顾老字号的首要原因

在问卷所列出的8个选项中，“购物环境好”因没有受访者选择而在汇总中删除。总体来看，受访者购买该品牌的首要原因是“质量好”（38%），其次为“服务好”（31%）及“价格合理”（23%）。分性别来看，男性受访者购买的原因相对于女性来讲更多元些。除“质量好”（33%）外，产品有中国特色、服务好、交通便利都成为男性购买的原因。对女性受访者而言，让其购买的首要原因是质量好、价格合理、服务好，而且三者的比重均为50%，第二位的原因是“时尚”。

表41　经常光顾老字号的原因

		中国风	质量好	时尚	价格合理	服务好	知名度高	交通便利
总体		15.38	38.46	7.69	23.08	30.77	7.69	15.38
性别	男	22.22	33.33	—	11.11	22.22	11.11	22.22
	女	—	50.00	25.00	50.00	50.00	—	—

六、产品质量好是受访者喜欢老字号的首要原因

在列出的选项中，没有受访者选择“购物环境好”，因而在汇总表中删除此项。总体来看，38%的受访者表示之所以喜欢该品牌是因为“质量好”，第二位的原因是“服务好”，其次是“有中国特

色”和“价格合理”。这些与购买原因类似。分性别来看，男性受访者喜欢品牌的原因相对于女性受访者而言要分散些。女性喜欢的最重要的原因是“质量好”和“服务好”，两者的比重均为 40%，男性喜欢的最重要的原因是“质量好”，比重为 36%。

表 42　最喜欢老字号的原因

		中国风格	质量好	时尚	价格合理	服务好	知名度高	交通便利
总体		18.75	37.50	6.25	18.75	25.00	12.50	6.25
性别	男	27.27	36.36	—	18.18	18.18	9.09	9.09
	女	—	40.00	20.00	20.00	40.00	20.00	—

七、产品质量好是受访者对老字号印象深刻的首要原因

问卷中列出了 9 对选项，从正、反两面来了解受访者对老字号印象深刻的原因。调查结果表明，受访者对老字号印象深刻，主要是正面的因素，其中质量好的比重达 54%。而负面的因素仅包括“没有中国风格”一项，比重为 7.7%。

表 43　老字号印象最深刻的原因

原因	百分比	原因	百分比
中国风格	15.38	无中国风格	7.69
时尚	15.38	质量好	53.85
价格合理	15.38	服务好	7.69
知名度高	15.38	购物环境好	7.69
交通便利	7.69		

八、40%的受访者知道列出的品牌为“中华老字号”

虽然我们的调查对象均为“中华老字号”，但40%的受访者表示知道这些品牌是老字号，60%的则表示不知道。

九、结论

因为“他形象”决定了企业、品牌的社会地位，在成为有国际影响力的品牌的路上，老字号有必要了解其在外籍人士心目中的形象。为此，我们于2016年5月在北京做了以驻京外籍人士为受访者的问卷调查，以此归纳老字号的国际形象。

调查发现，服装鞋帽业老字号的知名度普遍较大，知名度最高的宝石，为34%。中国人推荐、偶遇是受访者了解服装鞋帽业老字号的首要途径。66%的受访者没有老字号消费经历，产品不适合自己是首要原因。最常光临、最喜欢、印象最深刻的老字号有差异。宝石、内联升、同升和以17%的选择率并列成为受访者光临次数最多的老字号，其他三家的比重均未超过10%。宝石以29%的比重成为受访者最喜欢的老字号，而印象最深刻的老字号则是内联升。最常光临、最喜欢、印象最深刻的老字号的首要原因均为产品质量好。虽然我们的调查对象均为“中华老字号”，但40%的受访者表示知道这些品牌是老字号，60%的则表示不知道。

21 世纪海上丝绸之路上的东南亚城市外交

查　雯*

一、概论

2013 年 10 月 3 日，中国国家主席习近平在印度尼西亚国会发表题为《携手建设中国——东盟命运共同体》的重要演讲，全面阐述了中国对东盟的睦邻友好政策，同时指出中国愿同东盟国家加强海上合作，共同建设 21 世纪海上丝绸之路。海上丝绸之路发展繁盛于公元 8—15 世纪，东南亚国家地处海上丝绸之路的咽喉要道，在为海上丝绸之路的开辟和繁荣做出重要贡献的同时，海上丝绸之路也对东南亚地区的政治、经济、文化，以及社会发展产生过巨大的

* 查雯，外交学院国际关系研究所副教授。

影响，东南亚沿海的通商国家基本上都是伴随着东西方海上贸易的发展而登上历史舞台的。[①] 在今天的东南亚，包括泰国的曼谷、菲律宾的马尼拉、越南的岘港、马来西亚的马六甲、印度尼西亚的巨港在内的很多城市，在历史上都曾是海上丝绸之路的重要节点，也曾是中国与东南亚各国间外交活动的积极参与者。

不仅是东南亚，在整个世界范围内，城市之间的外交活动有着悠久的历史。有学者将城市外交的起源追溯到古希腊时期的城邦外交，认为在威斯特伐利亚体系兴起之后，主权国家才逐渐取代了城市，占据了外交舞台上的主导地位。即便是在主权国家主导的国际体系下，城市和地方政府的外交活动也并没有完全停止。随着全球化进程的推进，世界外交舞台上的行为体也日趋多元化，超国家组织、非政府组织的出现与活跃证明外交活动并非主权国家（即一国中央政府）的专属权利。在这样的大背景下，城市与地方政府在外交中扮演的角色也吸引了学界的关注，“城市外交”的概念应运而生。

当下，东南亚是 21 世纪海上丝绸之路的第一站，中南半岛同时也是丝绸之路经济带的重要分支。东南亚国家的首都和重要城市既是本国经济的增长极，也是“一带一路”的重要节点，其中很多城市仍面临基础设施落后的发展瓶颈，具有参与“一带一路”建设的巨大潜力。大力开展与节点城市的城市外交，将对“一带一路”倡议的推进形成有力支撑，也将促进中国城市和地方政府的外交活动进一步融入国家整体外交的大战略中。

本文旨在厘清城市外交理论发展的脉络，并对东南亚城市外交

---

① 马勇：《东南亚与海上丝绸之路》，《云南社会科学》2001 年第 6 期，第 77 页。

的发展现状进行深入分析。下文共分为五个主要部分：第一部分简要回顾“城市外交”理论的发展，总结和归纳围绕“城市外交”产生的理论争议，在此基础上，本文结合东南亚城市外交的实践，进一步明确“城市外交”的含义；第二部分考察东南亚城市外交发展的整体现状，梳理该地区城市和地方政府缔结“友好城市”关系、参与“跨国城市网络”（Transnational City Network，简称 TCN）的情况，并进一步分析东南亚城市外交的主要议题，文章指出环境治理及自然灾害应对已经成为东南亚城市外交中最重要的合作议题；第三部分对 21 世纪海上丝绸之路沿线的部分节点城市进行逐一分析，探究这些城市外交活动的特征及利益诉求；第四部分对日本在东南亚地区开展的城市外交活动进行剖析，日本是最早在东南亚地区开展城市外交的区域外国家之一，其城市外交活动经历了“从交流到合作”的转型，地方政府的外交活动逐渐与中央政府的外交活动形成了有机结合，其中很多经验值得中国借鉴；第五部分探讨上文给中国城市外交带来的启示，同时结合北京市城市外交发展的现状提出一系列政策建议。

二、争议中的“城市外交”

（一）“城市外交”概念的提出

早在“城市外交（City Diplomacy）”这一概念被明确提出之

前，地方政府和城市的外交活动就引起了理论界的广泛关注。詹姆斯·罗西瑙（James Rosenau）于 1990 年提出了“两枝世界（two worlds of world politics）”理论。[1] 他认为世界政治已经发生了根本变化，两枝世界的其中一枝仍然是由主权国家主导的世界（state-centric world），另一枝则是由不受主权约束的行为体（sovereignty-free actor）主导的多中心世界（multi-centric world），两个世界将长期共存。罗西瑙认为，次国家政府（Subnational Goverenment）是处于多中心世界中的一类行为体。[2]

罗西瑙将研究重点放在“两枝世界”产生的原因及特点上，同一时期的另一些学者则对地方政府参与对外事务进行了更有针对性的研究，深入剖析了地方政府影响对外事务的机制。伊夫·杜恰切克（Ivo Duchacek）提出了“平行外交（paradiplomacy）”的概念，他认为地方政府既可以通过影响本国中央政府的政策制定而影响对外关系，也可以脱离中央政府这个媒介，直接在国际舞台上采取行动，以促进地方利益的实现。比如，一些地方政府在其他国家的首都或经济中心建立常驻机构，以促进贸易与投资。[3] 布莱恩·霍金（Brian Hocking）则明确反对罗西瑙的“两枝世界”理论，认为不应将中央政府代表的主权国家与非中央政府置于割裂的两个世界

---

① James Rosenau, *Turbulence in World Politics: A Theory of Change and Continuity* (Princeton: Princeton University Press, 1990).

② Ibid., pp. 41, 243-296.

③ Ivo D. Duchacek, "Perforated Sovereignties: Towards a Typology of New Actors in International Relations," in *Federalism and International Relations: The Role of Subnational Units*, ed. Hans J. Michelmann and Panayotis Soldatos (Oxford: Clarendon Press, 1990), pp. 1-33.

中。[①] 相反，霍金提出了“多层外交”理论，认为在外交政策制定过程中，地方政府不仅与本国的中央政府和其他地方政府发生互动，还与其他国家的地方政府和中央政府互动，它们既是为地方利益开展游说活动的主体，也可能成为本国政府和外国各级政府游说的目标。[②] 正如霍金指出的，外交不是由特定行为体把持的、孤立的进程，而是不同互动构成的网络，参与其中的博弈者不断发生变化，互动的方式则取决于议题、博弈者的利益，以及博弈者在不同层级政治环境中运作的能力。[③]

荷兰国际关系研究所的罗吉尔·范·德·普拉伊吉姆与简·梅利森在 2007 年发表的一篇论文中，首次明确提出了“城市外交”的概念。普拉伊吉姆与梅利森同样支持“多层外交”理论，而反对“平行外交”理论，认为当代外交是由互动关系构成的网络，城市是网络中的一类行为体，国家和城市并不是处于平行、没有交叉的不同轨道上，而更像是沿同一轨道行驶的不同车辆。[④] 此后，“城市外交”逐渐取代“次国家政府外交”（Subnational Diplomacy），“非中央政府外交”（Non-Central Government Diplomacy）等概念，被越

① Brian Hocking, *Localizing Foreign Policy: Non-Central Governments and Multilayered Diplomacy* (New York, N. Y.: St. Martin's Press, 1993), p. 33.

② Brian Hocking, *Localizing Foreign Policy: Non-Central Governments and Multilayered Diplomacy* (New York, N. Y.: St. Martin's Press, 1993), p. 38.

③ Brian Hocking, *Localizing Foreign Policy: Non-Central Governments and Multilayered Diplomacy* (New York, N. Y.: St. Martin's Press, 1993), p. 36.

④ Rogier van der Pluijm and Jan Melissen, *City Diplomacy: The Expanding Role of Cities in International Politics* (The Hague: Netherlands Institute of International Relations, 2007), p. 9.

来越多的学者、机构及政策制定者所采用。[①]

（二）争议与概念的明确

尽管城市和地方政府在对外事务中的作用得到了重视，但针对城市外交的研究仍属于起步阶段，学界对于城市外交这一概念仍存在广泛的争议，主要体现在以下两个方面：1. 究竟哪些活动属于城市外交的范畴？城市外交的内涵有哪些？具体而言，城市外交是否仅局限于经济合作、文化交流等低阶政治（low politics）领域？是否包括政治、安全合作等高阶政治（high politics）议题？2. 城市外交与一国中央政府的外交活动有着怎样的关系？会为中央政府的外交活动带来什么样的影响？回答以上问题，对于任何从事经验研究的学者而言，都具有明确研究方向的重要意义。

城市外交究竟涵盖哪些方面的外交活动？就这一问题而言，城市外交的定义有狭义与广义之分。狭义的定义认为，城市外交的内涵局限于和平构建与冲突解决方面。世界城市和地方政府联合组织（United Cities and Local Governments，简称 UCLG）于 2005 年成立了“城市外交，和平构建与人权委员会”，该委员会为城市

① 2014 年 5 月 15 日，习近平主席在中国国际友好大会暨中国人民对外友好协会成立 60 周年纪念活动的讲话上，首次将“城市外交”与民间外交、公共外交一并提出。参见《习近平：在中国国际友好大会暨中国人民对外友好协会成立 60 周年纪念活动上的讲话》，新华网，http：//news. xinhuanet. com/politics/2014-05/15/c_1110712488. htm，2016 年 7 月 2 日登录。国内学界使用“城市外交”这一表述来概括各级地方政府外交活动的研究，还包括：赵可金、陈维：《城市外交：探寻全球都市的外交角色》，《外交评论》2013 年第 6 期，第 67 页；韩方明主编：《城市外交：中国实践与外国经验》，北京：新华出版社 2014 年版；李小林主编：《城市外交：理论与实践》，北京：社会科学文献出版社 2016 年版。

外交做出了如下定义："城市外交是地方政府及其联盟通过确实和实际的城市与城市合作，帮助冲突及战争中的地方政府的工具，其目的在于创造稳定的环境，使市民可以在和平、民主和繁荣中生活。"[①]

与此不同，广义的定义则认为，冲突解决并非城市外交的全部内涵。普拉伊吉姆与梅利森就将城市外交定义为"城市在国际政治舞台上以代表城市或其利益为目的、与其他行为体发展关系的制度和过程"。[②] 他们进一步指出，城市外交的内涵有以下六个层面：(1) 安全，即冲突解决、冲突预防、调解及和平构建。较主权国家而言，城市的政治立场更为中立，因此可以在冲突地区的和平构建的过程中发挥积极作用。(2) 发展，指由一国城市为其他国家的城市提供发展援助。(3) 经济，指城市通过外交活动扩大经济利益，为城市吸引外资、游客、国际组织、国际会议，并扩大城市的商品、服务及知识的对外输出。(4) 文化，指城市通过外交活动向其他国家公民推广城市文化及意识形态等。(5) 网络，指城市通过外交互动形成地区、洲际，及全球范围内的组织，并成为组织成员。(6) 代表，指城市通过外交活动，在国际政治舞台上代表自身利益，影响超国家层面的决策制定。[③]

狭义的城市外交定义在西方（尤其是欧洲）有一定的市场。欧洲理事会的地方与地区政权代表大会就采纳了城市外交的狭义定

---

① The Secretariat of the City Diplomacy Committee, VNG International, and International Cooperation Agency of the Association of Netherlands Municipalities, "A Working Conference of United Cities and Local Governments," in City Diplomacy (Perugia, Italy, October 2006), p. 1.

② Pluijm and Melissen, *City Diplomacy: The Expanding Role of Cities in International Politics*, p. 11.

③ Ibid., pp. 19-32.

义，认为城市外交指“冲突地区的某一市政当局获得冲突外地区一个或多个市政当局支持的活动”。[①] 应该说，这一概念的采用与欧洲的社会、经济与政治现实密不可分。二战结束后，欧洲一体化进程迅速推进，国家逐渐向超国家行为体让渡主权，地方政府也享有较高程度的自治权利。同时，欧洲国家经济发展水平较高，城市外交在欧洲又起步较早。在这样的背景下，城市外交由以促进社会福利为主旨的低级政治（low politics），向以促进国家安全与国际和平为主旨的高级政治（high politics）发展实属必然。在实践中，一些欧洲国家城市也从自身利益出发，积极参与其他国家城市的冲突解决。[②] 应该说，对于欧洲机构以及学者而言，采用狭义的定义有利于确保其工作和研究有所侧重。

然而，以冲突解决为目的的城市外交却与东南亚的现实情况相距甚远。这并不是因为东南亚地区没有冲突，恰恰相反，东盟十国中很多国家都面临着民族分离主义运动和宗教极端主义的挑战，在缅甸、菲律宾、泰国等国家，少数民族武装叛乱长期得到不到平息。东南亚国家的脆弱性决定了各国政府具有较强烈的维护国家主权、避免外部干预的意识。长久以来，“互不干涉内政”是东南亚国家一贯奉行的外交准则，这一原则在很大程度上限制了包括东南亚国家联盟（ASEAN）在内的区域一体化机制的深入发展，区域组织也很少在成员国内部的冲突解决中发挥关键作用。在这样的背景下，

---

① Arne Musch and O. Van Veldhuizen, “City Diplomacy Explanatory Memorandum,” in Congress of Local and Regional Authorities of the Council of Europe CPL (14) 12 REP (Strasbourg, France, 2008), p. 2.

② 关于城市在冲突解决中的作用，参见 Martijn Klem, “Local Governments Building Peace in Eastern Croatia,” in *City Diplomacy*, ed. Arne Musch, et al. (The Hague: VNG International, 2008)。

试图发展由其他国家城市主导的冲突解决机制，显然是不切实际的。相反，城市外交的广义定义则更为贴近东南亚地区的现实，有助于我们理解东南亚国家的城市外交。应该说，当下东南亚国家城市的外交活动主要集中在“发展”“经济”“文化”和“网络”这四个层面上。东盟国家所奉行的“互不干涉内政”原则，以及东盟长期以来形成的由国家政治精英主导的、“由上至下”的决策制定过程，[①] 共同决定了东南亚城市外交在“安全”与“代表”这两个层面上的发展十分有限。

在围绕城市外交内涵展开的辩论以外，另一个广泛存在的分歧是，一国中央政府的外交活动与城市外交之间有着怎样的关系？在这一问题上，一些西方学者认为，城市外交的出现打破了中央政府对外交的垄断，前者对于后者形成了一定的竞争。比如，普拉伊吉姆与梅利森就采用了“竞争性合作”来形容二者之间的联系。[②] 与此形成鲜明对比的是，中国学者多强调城市外交的从属性。比如，龚铁鹰认为，城市外交的作用首先在于配合国家的总体外交。[③] 赵可金和陈维则为城市外交做出如下定义：“城市外交是在中央政府的授权和指导下，某一具有合法身份和代表能力的城市当局及其附属机构，为执行一国对外政策和谋求城市安全、繁荣和价值等利益，与其他国家的官方和非官方机构围绕非主权事务所开展的制度

① Katherine Marie G. Hernandez, “Bridging Official and the People's and the Peoples of ASEAN: the Role of the ASEAN People's Assembly,” http: //www. umich. edu/~iinet/media2/cseas/50thAnniversary/papers/Panel4_Hernandez. pdf, accessed on 17 April, 2014.

② Pluijm and Melissen, *City Diplomacy: The Expanding Role of Cities in International Politics*, p. 13.

③ 龚铁鹰：《国际关系视野中的城市——地位、功能及政治走向》，《世界经济与政治》2004 年第 8 期，第 42 页。

化的沟通活动。”①

本文认为，城市的外交活动是否符合中央政府的外交政策，以及是否获得中央政府的授权，这是经验研究中的问题，而非定义的依据。已有的经验研究已经证明，在对外交往的自主性方面，不同国家的城市存在较大差异，比如，联邦制下的地方政府比单一制下的地方政府自主性更大，再比如，边远省份的地方政府其外交立场更有可能与中央政府的政策相左等。② 因此，研究者不应根据“城市的外交活动是否符合中央政府的政策”来鉴别前者是否属于城市外交的范畴。相反，在分析其他国家地方政府的外交活动时，我们更应思考：哪些国家的城市和地方政府更有意愿从事外交活动？什么因素驱动城市开展外交活动？深入理解这种差异性，准确把握东南亚城市和地方政府参与外交活动的利益诉求，将为中国城市和地方政府在这一地区开展外交活动提供有益的指导。而在分析本国地方政府的外交活动时，我们则应关注如下问题：“如何通过制度构建规范地方政府的外交活动”“如何避免外交政策的一致性随着行为体的多元化而下降”。为这些问题寻找答案，有利于中国地方政府外交与中央政府外交之间相辅相成之势的形成，使二者融合为一个有机整体。

---

① 赵可金、陈维：《城市外交：探寻全球都市的外交角色》，《外交评论》2013 年第 6 期，第 69 页。

② Hocking, *Localizing Foreign Policy: Non-Central Governments and Multilayered Diplomacy*, pp. 47–57.

三、东南亚城市外交的发展现状

（一）东南亚的双边城市外交

本文依据两个指标衡量东南亚各国城市外交发展的现状，一个是缔结“友好城市”关系的数量，另一个是城市参与“跨国城市网络”的情况。自英国约克郡的凯里市和法国普瓦市在第一次世界大战后缔结了世界上第一对“友好城市”关系以来，世界各地的城市纷纷选择以这种形式促进城市之间的经济、社会、文化交流。[①] 据不完全统计，目前已有 165 个主要国家的 12596 座城市或地方政府结成了 16487 对“友好城市”关系。[②]

在东南亚，缔结友好城市关系也是各国地方政府广泛采取的城市外交手段。[③] 对于本国地方政府与他国地方政府缔结的友好城市关系的情况，东南亚各国政府尚缺乏系统的统计。作者根据“世界姐妹城市”网站及维基百科提供的资料，对相关情况进行了汇总（见表 1）。尽管是不完全统计，但表 1 中的数据在一定程度上反映出一个趋势，即东南亚九国（新加坡因其城市国家的特性被排除在

① 赵可金、陈维：《城市外交：探寻全球都市的外交角色》，《外交评论》2013 年第 6 期，第 63 页。

② Sister Cities of the World，http：//en. sistercity. info/，accessed on 24 July 2014.

③ 已有的学术研究并未从经济发展水平，或行政级别等方面对“城市”进行严格界定，“城市外交”中的“城市”更倾向于泛指各级地方政府。在实践中，各国地方政府也经常跨行政级别结成“友好城市”关系。

外）的城市外交发展水平差距极大。九国大体形成三个梯队：处于第一梯队的有菲律宾和印度尼西亚两个国家；处于第二梯队的国家有马来西亚、泰国、越南、柬埔寨，前两国的城市外交发展水平又明显优于后两国；处于第三梯队的是缅甸、老挝，以及文莱。

表 1 东南亚九国地方政府缔结“友好城市”情况统计（不完全）

国家	与他国缔结“友好城市”关系的地方政府（个）	“友好城市”关系总计（对）
印度尼西亚	52	303
菲律宾	93	257
马来西亚	15	87
泰国	8	41
越南	7	38
柬埔寨	3	19
缅甸	3	7
老挝	2	4
文莱①	1	1

资料来源：作者根据“世界姐妹城市”网站（http：//en. sistercity. info，2015 年 3 月 12 日登录）及维基百科（http：//en. wikipedia. org，2014 年 12 月 28 日登录）提供的数据整理。

“世界姐妹城市”网站和维基百科提供的仅为不完全统计。根据我国相关部门的权威数据，表 2 对东南亚九国地方政府与我国地方政府缔结友好城市的情况进行了总结。这一数据再次印证了东南亚国家城市外交发展参差不齐的情况，其中，文莱、老挝、缅甸三

① 根据这两个网站的资料，文莱只有斯里巴加湾市与印度尼西亚的雅加达缔结了友好城市关系。

国的城市外交仍有待发展。同时，结合表 1 中的数据，可以看出这样一个趋势，即我国地方政府与东南亚国家中大陆国家（如泰国、越南、老挝、柬埔寨）的地方政府联系较为密切，而与海岛国家（如菲律宾、印度尼西亚、马来西亚）的联系比较有限。以印度尼西亚为例，表 1 显示，该国的至少 52 个地方政府在世界范围内共缔结了 303 对友好城市关系，在东南亚九国中排名第一，然而，其与中国缔结的友好城市关系仅有 18 对。而越南、缅甸、老挝等国城市外交发展水平并不算太高，但相对于其他国家，其与中国地方政府的联系却是十分密切。

表 2　东南亚九国地方政府与中国缔结“友好城市”情况统计

国家	与中国缔结“友好城市”的省、州（个）	与中国缔结“友好城市”的城市（个）	总计（对）
越南	5	26	34
泰国	18	12	30
菲律宾	9	18	27
印度尼西亚	7	11	20
柬埔寨	8	5	13
马来西亚	4	6	10
老挝	5	4	11
缅甸	1	6	7
文莱①	0	1	1

资料来源：中国国际友好城市联合会网站，http：//www. cifca. org. cn/，2016 年 3 月 12 日登录。

① 根据中国国际友好城市联合会提供的数据，文莱的斯里巴加湾市于 2011 年 11 月 21 日与我国的南京市缔结为友好城市。

（二）东南亚的多边城市外交

纵观城市外交的发展史，不难发现这样一个特征，即城市外交经历了从双边到网络化的转型。在各国城市"一对一"联系不断加强的同时，城市外交的多边平台——跨国城市网络，也如雨后春笋般发展起来。跨国城市网络是在自愿的基础上形成的、由不同国家城市结成的组织，具有促进城市间信息交换、政策协调和集体行动等主要功能。城市网络组织的经费部分来自主办城市、国际组织、基金会的资助，部分来自成员城市缴纳的会费。①

最早出现的跨国城市网络是 1913 年于荷兰成立的地方政府国际联盟（The International Union of Local Authorities，简称 IULA）和 1914 年在美国成立的国际城市/郡县管理协会（The International City/County Management Association，简称 ICMA）。第二次世界大战结束后，一批旨在促进世界和平、相互谅解的跨国城市网络得以建立，其中包括 1946 年成立的双城组织（Town-Twinning），1951 年成立的欧洲市政和地区理事会（The Council of European Municipalities and Regions，简称 CEMR）、1956 年成立的国际姐妹城市（Sister Cities International，简称 SCI），和 1957 年成立的联合城镇组织（United Town Organization，简称 UTO）等。1957—1982 年，仅出现了一个具有影响力的城市网络组织。进入 20 世纪 80 年代后，城市网络组织的

---

① Stefan Niederhafner, "Comparing Functions of Transnatioinal City Networks in Europe and Asia," *Asia Europe Journal*, No. 11（2013）, pp. 379-380.

数量大幅增加，从1982年的8个增加到了2004年的49个。①

1992年城市外交迎来了里程碑式的发展，在巴西里约热内卢召开的联合国环境与发展大会上，与会各国领导人通过了旨在促进全球可持续发展的重要文件——《21世纪议程》。《21世纪议程》明确强调城市和地方政府在实现可持续发展中的作用，议程的多项条款（如6. 34. d和7. 20. d）均建议各国城市建立、参加城市网络，并通过网络组织交流经验、获得国内及国际层面的技术与资金支持。② 该议程也成为各国城市开展外交活动的主要推动力之一，并为跨国城市网络的发展带来了一个新高潮。在此后建立的众多城市网络组织中，2004年成立的世界城市和地方联合（United Cities and Local Governments，简称UCLG）是其中最具影响力的一个，目前，已有136个国家的城市加入了UCLG。值得注意的是，尽管各国和各地区对可持续发展的理解不同、侧重不同，但促进可持续发展几乎成为所有跨国城市网络最主要的议题。③

城市网络组织的优势存在于以下三个方面：第一，它拓宽了城市与城市之间的交往面。联合国人居署2001年的数据显示，全世界70%的城市都展开了与其他国家城市的国际合作，而其中68%的联系是通过城市网络联盟建立的。④ 第二，城市网络组织赋予了城市

① 关于跨国城市网络的发展，参见 Marco Keiner and Arley Kim, "Transnational City Networks for Sustainability," *European Planning Studies*, Vol. 15, No. 10, 2007, p. 1372。

② United Nations, "Agenda 21," file: ///D: /% E4% B8% 93% E9% A2% 98/city%20diplomacy/city%20to%20city%20networks/Agenda21. pdf, accessed on 10 April 2015.

③ StefanN iederhafner, "Comparing Functions of Transnatioinal City Networks in Europe and Asia," p. 381.

④ 联合国人居署：《全球化世界中的城市：全球人类住区报告2001》，北京：中国建筑工业出版社2004年版，第11页。

采取集体行动、影响中央政府和国际组织政策制定的能力。第三，城市网络组织实现了参与主体的多元化，以城市网络组织中历史最为悠久的 IULA 为例，其成员不仅包括地方政府，还包括基金会、非政府组织、培训机构、企业等，这为城市与不同组织进行对接、整合资源创造了可能。另一个例子是总部位于布鲁塞尔的城市联盟（Cities Alliance），其成员既包括某些国家的中央政府（由外交部等部委代表出席）也包括地方政府联盟。类似的平台为城市提供了包括资金和技术在内的各种资源，使城市可以以更高的效率在国际舞台上谋求自身利益。

东南亚国家的城市外交发展也大体反映了这样一个从由双边交往到网络化交往的趋势，城市网络组织为城市外交的发展搭建起了一个日益重要的平台。目前覆盖该地区的主要城市网络组织包括：1987 年成立的城市网络（CityNet），2000 年成立的亚洲主要都市网（Asian Network of Major Cities 21，简称 ANMC21），2000 年成立的北九州清洁环境倡议（Kitakyushu Initiative for a Clean Environment，简称 KI），[①] 2001 年成立的亚洲清洁空气倡议伙伴（Clean Air Initiative-Asia Partnership，简称 CAI-ASIA），以及世界城市和地方联合的亚太分支（United Cities and Local Governments Asia Pacific，简称 UCLG ASPAC）。

表 3 对东南亚九国参加这些城市网络组织的情况进行了统计。不难看出，以印度尼西亚和菲律宾为代表的缔结友好城市关系较多的国家，在参与城市网络组织方面表现得也较为积极。其中，两个网络组织——CAI-ASIA 和 UCLG ASPAC 还将总部分别设在了菲律

① 北九州清洁环境倡议已于 2012 年停止运作。

宾的巴石市和印度尼西亚的雅加达，很多国家的地方政府联盟还以集体身份加入了跨国城市网络。

表 3　东南亚九国参加区域内城市网络组织情况统计

组织名称	CityNet	ANMC21	KI	CAI-ASIA	UCLG ASPAC
组织总部	首尔	东京	北九州市	巴石市（菲律宾）	雅加达（印度尼西亚）
印度尼西亚	19	1	8	4	13（其中 5 个为国内地区政府联盟）
菲律宾	10	1	4	7	4（其中 2 个为国内地方政府联盟）
越南	6	1	1	4	2（其中 1 个为国内地方政府联盟）
泰国	1	1	3	2	2（其中 1 个为国内地方政府联盟）
马来西亚	4	1	1	0	2
柬埔寨	1	0	1	1	1（为国内地区政府联盟）
缅甸	1	1	1	0	0
老挝	0	0	0	0	0
文莱	0	0	0	0	0

资料来源：作者根据组织网站信息统计，2016 年 10 月 17 日登录。

（三）东南亚城市外交中的主要议题

什么是驱动城市参与外交活动的主要因素？对东南亚城市网络组织的合作议题进行梳理，有助于我们了解东南亚城市和地方政府的利益诉求。表 4 将城市网络组织的合作议题分为三类：分别为经济目标、环境目标、社会目标。从中可以看出，“可持续发展”“气候变化”是东南亚城市和地方政府最为关注的议题，五个城市网络组织都有涉及。此外，“空气污染治理”“垃圾处理”“自然灾害管控”也是重要的合作内容。而在五个组织中，以亚洲主要都市网（ANMC21）的合作议题最为广泛。

表 4　东南亚主要城市网络组织合作议题

组织名称	经济目标			环境目标			社会目标				
	投资促进	基础设施建设	可持续发展	气候变化	空气污染治理	垃圾处理	危机管理①	自然灾害管控	文化交流	社会群体权益	地方自治
CityNet		√	√	√		√		√			
ANMC21	√	√	√	√	√	√	√	√	√	√	
KI			√	√	√	√					
CAI-ASIA			√	√	√						
UCLG ASPAC			√	√		√		√	√	√	√

资料来源：作者根据组织网站信息统计，2016 年 10 月 17 日登录。

气候变化及灾害应对成为东南亚城市网络组织的主要议题并非出于偶然，这和东南亚各国发展中面临的问题密不可分。东南亚是世界上自然灾害最为严重的地区之一，海啸、洪水、台风、地震等灾害严重威胁着东南亚城市的安全。2004 年的东南亚海啸、2013 年的台风“海燕”给东南亚城市造成了巨大的损失。以曼谷为例，洪涝灾害是威胁曼谷城市安全的首要因素。曼谷地势低洼，平均海拔

① 指不包括自然灾害在内的其他危机，如恐怖主义袭击、疾病传播、重大事故等。

仅2米左右。有研究显示，由于摩天大楼的不断兴建以及对地下水的过度抽取，曼谷正在以每年1—1.5厘米的速度下沉。世界银行的报告认为，2050年曼谷遭遇洪灾的可能性将增加4倍。[①] 泰国气象学家甚至警告说，如果不采取任何措施，曼谷将在2030年沉没。[②]

在本文调查的五个城市网络组织中，仅有两个组织提出了“基础设施建设”的议题，造成这种结果的原因并不是东南亚城市没有改善城市硬件条件的需求，事实上，东南亚很多城市在经济高速发展、乡村人口大量涌入的情势下已不堪重负，其基础设施面临洪灾、停电，以及交通堵塞等严峻挑战，而这方面国际合作的缺乏主要是出于物质资源的紧缺。一方面，在南—南城市合作中，合作方均受物质条件的约束，无法为对方城市的发展提供资金支持。另一方面，在南—北城市合作中，受金融危机的影响，发达国家城市可以提供的往往也只是一些城市管理的先进经验和技术。这两方面因素共同造成了这样一个局面，即现有的城市网络组织主要促进了知识和技术的流通，而非直接投资的增加以及援助的输入，这一点是现有城市外交网络的空白。2005年城市网络组织CityNet在20个亚洲国家的70个地方政府中开展了一项调查，并收到了来自16个国家的30个地方政府的回复。调查结果显示，受访城市普遍认为，现有的城市网络组织在环境（如供水、排水系统、垃圾处理）、教育、健康以及社会文化等议题方面起到了有益作用，而在城市住房、促

---

① “Floods Show What Lies Ahead for Sinking Bangkok,” Discovery News, http://news.discovery.com/earth/floods-in-sinking-thailands-future-111107.htm, accessed on 6 August 2014.

② Bruno Philip, “Bangkok at Risk of Sinking into the Sea,” *Guardian Weekly*, 13 September 2011.

进就业、基础设施建设、城市财政等议题方面则作用有限。[①]

四、节点城市的对外交往特征及利益诉求

历史上的东南亚是海上丝绸之路的咽喉要道，作为产品的中转地，以及不同文明交流最为密切的地方，丝路沿线节点城市的对外交流与发展直接关系着东南亚通商国家的兴衰，从事东南亚研究的学者甚至有“中心城市就等同于国家”的看法。[②] 这种城市与农村、首位城市与第二城市之间发展水平极不均衡的现象也延续到了现代。当下的东南亚国家都存在这样的现象，即首位城市在全国人口和经济中所占比重极高。例如，有数据显示，泰国 50.9%的城市人口居住在首都曼谷，曼谷人口是泰国第二大城市清迈的 12.5 倍。在菲律宾，大马尼拉的人口是第二大城市宿务的 11.3 倍，而且大马尼拉总产值占菲律宾 GDP 的比例高达 36.3%。从这个意义上讲，加大对首位城市的基础设施投入，确保首位城市的安全，是很多东南亚国家的重大利益诉求，而对中国而言，开展同重要节点城市的合作也将对 21 世纪海上丝绸之路倡议的推进形成有效助力。此外，由于历史上这些城市均在“海丝”贸易中发挥过重要作用，中国城市与这些城市的合作将有大量历史文化资源可供开发利用。

---

① Bernadia Irawati Tjandradewi and Peter J. Marcotullio, “City-to-City Networks: Asian Perspectives on Key Elements and Areas for Success,” *Habitat International*, vol. 33, 2009, pp. 170-171.

② ［新西兰］尼古拉斯·塔林主编：《剑桥东南亚史》第二卷（王士录等译），昆明：云南人民出版社 2003 年版，第 142 页。

本节将重点考察21世纪海上丝绸之路上的六个节点城市（首都或重要港口城市）的城市外交现状与特点，它们分别是：泰国的曼谷，菲律宾的马尼拉，越南的岘港，文莱的斯里巴加湾市，印度尼西亚的巨港，马来西亚的马六甲。对这些城市对外开展合作的主要利益诉求进行分析，也将为我国城市和地方政府在东南亚地区开展交流活动提供参考。

（一）泰国曼谷：破解城市的安全困境

曼谷，泰国首都，位于湄南河三角洲，距暹罗湾40公里，离入海口15公里。市区面积1568.74平方公里，大都会区面积7761.50平方公里，是泰国最大的城市，同时也是泰国政治、经济、贸易、交通、文化、科技、教育、宗教等各方面中心。曼谷市人口约为830万，约占泰国人口总数的12%。

在中央政府与地方政府关系方面，泰国是单一制国家，全国共有76个一级行政区，其中包括75个府与曼谷首都行政区，每个府都是以其首府命名。府以下又有区、次区、村等行政单位。泰国全国共有795个区、7255个次区和71864个村，曼谷下辖50个区。[①] 20世纪90年代后期，泰国中央政府向地方政府放权的进程加快，地方政府的财政权力亦有所加大。不同于其他75府府尹的中央政府任命制，曼谷市长通过市民的直接选举产生，任期4年。根据1985年的曼谷首都行政区法案，通过直接选举产生的市长是曼谷最高行政长官，有权任命4名副市长，其权力包括政策制定及政府人员的

① UCLG, “Country Profiles: Vietnam,” http://www.uclg.org/, accessed on 30 July 2014.

监管。曼谷人民代表大会是曼谷的立法机构，职责包括制定本地的法令法规，其成员由市民选举产生。① 2013 年 3 月 3 日，泰国首都曼谷市长素坤潘·帕里巴特拉（Sukhumbhand Paribatra）在选举中获胜，成功获得连任，素坤潘是当时最大反对党民主党的候选人。②

在国际舞台上，曼谷一直是一个非常活跃的城市。诸多重要的政府间合作组织和非政府组织都在曼谷设有分支。同时，曼谷参加了包括亚太城市间合作网络、亚洲主要都市网、北九州清洁环境倡议、亚洲清洁空气倡议伙伴和世界城市和地方联合亚太分支在内的区域内城市合作网络。在与其他城市的双边交往方面，曼谷走在了东南亚各城市的前列，已与华盛顿、莫斯科、圣彼得堡、马尼拉、首尔、安卡拉、河内、布里斯班、米兰、利物浦、福冈、布达佩斯、悉尼、珀斯、万象、乌兰巴托等诸多城市结成了友好关系。1993 年、2005 年、2009 年、2011 年，曼谷分别与我国的北京市、潮州市、广州市、重庆市结为友好城市。③ 值得特别强调的是，曼谷是泰国的首都，而潮州市却是一个地级市，两个城市行政级别存在着明显的不对等，但曼谷和潮州两个城市友好往来历史悠久，目前旅居泰国的潮籍华侨超过 70 万人，其中八成居住在曼谷，这为两个城市的交往奠定了深厚的基础。④

在对外交往中，曼谷市积极利用国际平台为其在发展中遇到的

---

① UCLG, "Country Profiles: Vietnam," http: //www. uclg. org/, accessed on 30 July 2014.

② 《泰国反对党候选人获选连任曼谷市长》，新华网，2013 年 3 月 3 日 http: //news. xinhuanet. com/world/2013-03/04/c_124410343. htm，2013 年 8 月 4 日登录。

③ Sister Cities of the World, http: //en. sistercity. info/, accessed on 30 July 2014.

④ 《潮州与曼谷签署发展友好城市关系谅解备忘录》，中广网，2005 年 6 月 30 日，http: //www. cnr. cn/2004news/internal/200506/t20050630_504080039. html，2014 年 8 月 15 日登录。

各种问题寻求解决之道。如上文所述，在众多问题中，洪涝灾害是威胁曼谷城市安全的首要因素。在气候变化和灾害处理方面寻求国际合作也因此成为曼谷城市外交中的主要议题。以城市国际组织亚太城市间合作网络为例，曼谷参加了该组织的“气候变化”问题小组和“灾难应对”问题小组，却缺席了“基础设施”小组以及“千禧年发展目标”小组（目标包括减少贫困、降低新生儿死亡率等）。[①] 这也从一个侧面反映出曼谷在国际合作方面的主要诉求：曼谷较高的经济发展水平决定了，与初级基础设施的建设相比，该城市更注重特定方向上的先进经验、设备和资金的引进。2013年，洛克菲勒基金会宣布出资1亿美元，帮助全球100座城市打造“恢复力”，曼谷成为首批入选的33座城市之一。根据该计划，曼谷将同时成为100座具有恢复力城市网络的成员，并获得网络支持，分享应对自然灾害和灾后重建方面的新知。同时，曼谷还将获得基金会在融资方面的支持，为其恢复重建计划提供资金。[②]

在控制洪灾方面，泰国同日本的合作尤其引人注目。这种合作关系的建立并非偶然，日本企业在泰国尤其是曼谷周边的工业区有重要投资。2011年的洪灾中损失最为惨重的也是日本企业，这严重影响了日本投资者的信心。因此，两国在抗洪方面的合作可谓双赢。2013年9月，泰国政府与日本政府就洪水早期预警系统达成一项协议，根据该协议，泰国将把其实时国家灾难预警系统与日本的灾害预警系统进行对接。此外，日本国际协力机构（Japan International

① CityNet, http://citynet-ap.org/, accessed on 6 July 2014.

② The Nation, “Bangkok Finds a Place in ‘100 Resilient Cities’,” 29 December 2013, http://www.nationmultimedia.com/business/Bangkok-finds-a-place-in-100-Resilient-Cities-30222893.html, accessed on 12 August 2013.

Cooperation Agency，简称 JICA）还主持开发了湄南河预警系统，向公众发布湄南河水位的数据。[①] 在两国中央政府合作的同时，曼谷也积极发挥其城市外交的作用，服务于国家战略。实际上，早在 1998 年，曼谷就通过同横滨市的合作引进了日本的洪水控制系统。[②]

（二）菲律宾马尼拉：突破交通设施的瓶颈

马尼拉市是菲律宾的首都城市，位于菲律宾最大岛屿——吕宋岛的东岸，濒临菲律宾最大的港口——马尼拉港。历史上，早在西班牙殖民者登陆马尼拉之前，这一地区就有大量中国和穆斯林商人定居。1976 年 11 月，菲律宾政府决定创立大马尼拉国家首都区。大马尼拉（Metropolitan Manila 或 Metro Manila）由包括马尼拉市、奎松城在内的 17 个地方政府单位（其中 3 个为自治市，14 个为市）构成，面积约为 636 平方公里，是菲律宾的政治、经济、文化中心。[③] 2010 年的数据显示，整个大马尼拉人口达到 1185.5 万，占全国总人口的 12.98%。[④]

菲律宾的地方政府系统可以划分为省、市和自治市，以及巴郎

---

① Ooska News, "Japanese Investors Urge Renewal of Thai Flood Prevention Projects," 28 May 2014, https://www.ooskanews.com/story/2014/05/japanese-investors-urge-renewal-thai-flood-prevention-projects_160760, accessed on 14 August 2013.

② Paul N. Bongers and Douglas McCallum, "City-to-City Cooperation: Issues Arising From Experience, European Urban," http://www.eukn.org/E_library/Urban_Policy/City_to_City_Cooperation_Issues_Arising_from_Experience, accessed on 14 August 2013.

③ 大马尼拉所辖城市列表及网站，见 http://www.mmda.gov.ph/mm-council.html, accessed on 14 August 2013。

④ Philippine Statistics Authority, "2010 Census of Population and Housing: National Capital Region," http://www.census.gov.ph/sites/default/files/attachments/hsd/pressrelease/National%20Capital%20Region.pdf, accessed on 13 August 2013.

盖（Barangay，即村政府）三级。目前菲律宾共有 79 个省、117 个市、1501 个自治市、41982 个巴郎盖。[①] 根据菲律宾宪法，从省长到巴郎盖首领的所有地方官员皆由选举产生，市级政府官员主要有市长、副市长和市政委员会成员。自 20 世纪 80 年代后期以来，菲律宾地方政府的自由度逐渐加强，地方政府机构从国家政府的税收中获得了更大的份额，也有权在必要的时候征收额外的地方税，地方政府甚至可以在自治权受到侵犯时起诉中央政府。创立于 1995 年的马尼拉大都会发展委员会（Metropolitan Manila Development Authority）是大马尼拉国家首都区的政策机构。但根据 1991 年的地方政府法规，首都区和其他大都会区的创立并不会影响地方政府自治，都会区政策机构的权力仅局限于政策协调方面，都会区内部的市及自治市仍有很大自主权。[②]

大马尼拉国家首都区的经济高度发达。根据 2013 年的数据，大马尼拉的总产值占菲律宾全国总产值的 36.3%。2012 年该地区经济实现了 7%的增长率，2013 年的增长率更是达到了 9.1%。从经济构成来看，服务业在大马尼拉地区经济中的比重超过 80%。在所有服务行业中，金融业发展尤其迅速，2012 年和 2013 年的增长率分别为 6.8%和 12.2%，而交通运输以及仓储业的增长则有放缓的趋势，2012 年和 2013 年的增长率分别为 7.7%和 4.9%。在服务业继续保持优势地位的同时，大马尼拉的工业实现了飞速发展，2013 年的增

---

① UCLG, "Country Profiles: the Philippines," http://www.uclg.org/, accessed on 30 July 2013.

② Ibid.

长速度高达 19.7%。其中，制造业的发展尤为引人注目，增速达 27.2%。[①]

马尼拉是城市外交的积极实践者。据不完全统计，大马尼拉首都区及其下属的地方政府已经与近 40 个国家和地区的城市结为友好城市关系。1983 年，大马尼拉与我国的上海市结为友城。大马尼拉首都区下属的马尼拉市也分别于 1982 年和 2005 年与广州市和北京市结为友城，同属首都区的奎松市于 1993 年与沈阳市结为友城。此外，大马尼拉首都区还是国际城市国际组织的参与者，参加的组织包括亚太城市间合作网络、亚洲主要都市网、世界城市和地方联合亚太分支等。大马尼拉首都区内的其他城市，如马卡蒂市和曼达卢永市，还是北九州清洁环境倡议等城市国际组织的成员。

通过国际合作提高城市基础设施水平是菲律宾城市外交中的重要议题。2007 年 2 月，来自 23 个国家的中央政府和地方政府代表、国际组织代表、投资人齐聚马尼拉，参加了名为“投资亚洲的城市未来”的会议。此次会议后，亚洲开发银行（Asian Development Bank，简称 ADB）与德国经济合作和发展部共同成立了亚洲城市发展中心（Cities Development Initiative for Asia，简称 CDIA），该组织总部就设在马尼拉，其目标是帮助亚洲中型城市弥合城市基础设施发展规划中的资金不足。2011 年，上海市政府成为该机构主要捐助合作方之一，其他捐助合作方还包括瑞典政府、西班牙政府，以及澳大利亚政府。[②]

---

① Philippine Statistics Authority，“2013 Gross Regional Domestic Product，” http：//www.nscb.gov.ph/grdp/2013/reglHighlights.asp，accessed on 31 July 2013.

② 亚洲城市发展中心，http：//cdia.asia/portfolio/under-construction/，accessed on 14 August 2014.

在马尼拉的所有国际合作伙伴中，日本政府及其附属机构的地位尤其引人注目。以交通设施的建设为例，交通拥堵是大马尼拉首都区发展中面临的最大挑战之一，据菲律宾政府估计，大马尼拉的交通拥堵每年给菲律宾经济造成的损失高达 30 亿美元。[①] 2013 年，在菲律宾政府的邀请下，日本国际协力机构在大马尼拉开展了为期十个月的调查，并为大马尼拉改善交通和其他基础设施制定了长远规划。[②] 该计划涉及的投资高达 570 亿美元，其中包括市区公路、铁路、地铁、机场、港口的兴建，公交车的升级，以及交通管理水平的提升。计划将于 2030 年完成，并将有效降低贫困人口的出行成本，缓解交通拥堵，同时减少灾害地区的住户和空气污染。[③] 此外，日本国际协力机构还将进一步协助大马尼拉政府规划城市地铁网络，同时向其提供技术支持，这也得到了时任菲律宾总统阿基诺三世的高度重视，在城市发展问题上的合作成为促进菲日两国关系发展的重要因素。[④]

同曼谷一样，大马尼拉也是东南亚受洪灾威胁最为严重的主要城市之一。根据马尼拉大都会发展委员会发布的信息，大马尼拉有

① Chi Liquicia, "Manila Traffic: The Agony, without the Ecstasy," Latitude News, http://www.latitudenews.com/story/manila-traffic-the-agony-without-the-ecstasy/, accessed on 13 August 2013.

② 关于该组织在菲律宾的主要活动，见 http://www.jica.go.jp/philippine/english/office/topics/news/140328.html, accessed on 14 August 2014。

③ Jerry E. Esplanada, "Japan Present $57-B 'Dream Plan' to Solve Metro Congestion," Filipino Express, 27 April 2014, http://www.filipinoexpress.com/news/1351-japan-presents-57-b-dream-plan-to-solve-metro-congestion, accessed on 14 August 2014.

④ Louis Bacani, "Aquino: Japan Vows Better Study on Metro Manila Subway System," Philstar, 25 June 2014, http://www.philstar.com/nation/2014/06/25/1338868/aquino-japan-vows-better-study-metro-manila-subway-system, accessed on 14 August 2014.

22 个地区易受洪水侵犯。[①] 日本国际协力机构的报告则显示，在大马尼拉，大约有 50 万人居住在高危地区，70 万人居住在中等危险地区。[②] 建立新城区安置这些处于风险中的居民是大马尼拉未来发展中必须解决的一个问题，同时也是其开展国际合作的重要诉求之一。

（三）越南岘港：以可持续发展为主旨的对外交往

岘港位于越南中部，面积 1283.42 平方公里，常住人口约 87 万，是越南第四大城市。其方圆百公里内有越南的三个世界文化遗产，即顺化故都、会安古邑与美山圣地，岘港也因此吸引了大量游客。16 世纪中期，会安曾是东南亚最繁华的商业中心，岘港则仅是一个货物中转、船只维修的小港口。到了 18 世纪早期，岘港逐渐取代会安成为最重要的港口城市，大量大型欧洲货船在此停靠。1889 年，法国人在越南境内建立殖民统治，并将岘港重新命名为土伦（Tourane）。1954 年，法国殖民统治结束，岘港归属南越政府。1965 年，美军登陆岘港，将岘港建成海军、空军基地，岘港的工业在这一时期快速发展。1975 年越南统一后，岘港成为广南—岘港省的一

① MMDA Press Release, "MMDA Identifies 22 Flood Prone Metro Manila Areas," http://asianjournal.com/news/mmda-identifies-22-flood-prone-metro-manila-areas/, accessed on 11 July 2014.

② Jerry E. Esplanada, "Japan Present $57-B 'Dream Plan' to Solve Metro Congestion," Filipino Express, 27 April 2014, http://www.filipinoexpress.com/news/1351-japan-presents-57-b-dream-plan-to-solve-metro-congestion, accessed on 14 August 2014.

部分。[1] 1997年1月1日起，岘港自广南省分立出来，成为越南五个直辖市之一。

在行政级别方面，越南现今有64个一级行政单位（包括59个省和5个直辖市），662个二级行政单位（包括25个省辖市，42个郡，59个镇和536个县），以及10776个三级行政单位（包括1181个坊，583个市镇和9012个社）。[2] 岘港作为直辖市下辖八个次级行政单位，包括海州郡（Hai Chau）、清溪郡（Thanh Khe）、五行山郡（Ngu Hanh Son）、山茶郡（Son Tra）、莲沼郡（Lien Chieu）、和荣县（Hoa Vang）、锦丽郡（Cam Le）和黄沙县（Hoang Sa Island）。[3] 根据越南宪法，由本地居民选举产生的人民代表大会（People's Council）是越南地方的最高权力机关，地方政府之行政权，由人民代表大会委派的人民委员会（People's Committee）执行。人民委员会是地方政府的执行机关，负责制定和实施政策，受人民代表大会和上一级国家行政机构领导。

在经济发展方面，2012年上半年的数字显示，岘港工业产值的增速为5.8%，旅游产业发展迅速，营业额增加42%，上半年接待游客超过200万人。根据岘港2020年发展目标，岘港将实现12%—13%的年经济增长目标，届时人均GDP将达到4500—5000美元，城市经济总量将达到全国的2.8%。同时，该城市还将大力发展服务业。到2020年，服务业和工业将分别占岘港经济总量的55.6%和

① Da Nang Portal, "Da Nang," http://en.danang.gov.vn/portal/page/portal/danang/english, accessed on 5 August 2014.

② UCLG, "Country Profiles: Vietnam," http://www.uclg.org/, accessed on 30 July 2014.

③ 中国政府不承认黄沙县的合法性。

42.8%。其整体目标是，将岘港打造成为越南中部的社会经济中心。①

值得一提的是，在环境保护方面，岘港的表现十分突出。岘港是 2012 年亚太经合组织（Asia-Pacific Economic Cooperation，简称 APEC）评选的“20 个低碳模范城市”之一。在洛克菲勒基金会评选的“100 个恢复力城市挑战”（100 Resilient Cities Challenge）中，岘港位列第 33 位。岘港还是 2011 年“东盟环境可持续城市”奖项以及联合国人居署 2013 年“亚洲城市景观奖”的得主。在 2020 年发展计划中，岘港制定了详细的城市环境发展规划。② 到 2020 年，岘港将确保 100%的生活和工业废水得到净化，70%的固体垃圾的循环再生，25%的废水将被重复利用。岘港还计划到 2015 年实现 50.6%的城市绿化和人均 3—4 平方米的绿化面积，到 2020 年人均绿化面积将进一步达到 9—10 平方米。③

在对外交往方面，岘港表现得较为活跃。目前岘港已与俄罗斯亚罗斯拉夫尔市，罗马尼亚的蒂米什瓦拉，印度的苏拉特，德国的斯图加特，澳大利亚的南澳大利亚州，老挝的色空省、沙湾拿吉省、沙拉湾省，日本的堺市缔结了友好关系。1996 年，岘港市所属的广南—岘港省与我国的山东省结为友好城市关系。2015 年 2 月，岘港

---

① Da Nang Portal, "Major Economic Indicators of Danang City-First 9 Months of 2012," http://www.danang.gov.vn/portal/page/portal/danang/english/danang_info/soc? p_pers_id=&p_folder_id=16407728&p_main_news_id=25949210&p_year_sel, accessed on 5 August 2014.

② Tong Minh, "Da Nang: Taking Advantage of International Opportunities of Sustainable Development," 6 March 2014, http://www.talkvietnam.com/2014/03/da-nang-taking-advantage-of-international-opportunities-for-sustainable-development/, accessed on 5 August 2014.

③ Da Nang Portal, "Master Plan on Socio-Economic Development of Danang City toward 2020," http://en.danang.gov.vn/portal/page/portal/danang/english/danang_info/soc, accessed on 5 August 2014.

市又与昆明市正式结为友城。此外，岘港也是城市国际组织亚太城市间合作网络与亚洲清洁空气倡议伙伴的成员。

与此同时，岘港还积极开展同各国政府、政府间组织、非政府组织，以及商业机构的合作。2009 年亚洲发展银行（ADB）倡议建立的“东—西经济走廊（East-West Economic Corridor）”横贯缅甸、泰国、老挝和越南，连接四国境内的高速公路，总长达 1450 公里，岘港正位于走廊的最东端。根据亚洲发展银行的计划，东—西经济走廊的建立将降低运输成本，强化四国间经济合作与贸易，同时促进农村地区发展。作为走廊沿线较为发达的城市，岘港也积极发挥自身优势，发展同其他走廊沿线地方政府的联系，比如为老挝的沙湾拿吉省提供农业、基建和教育援助，同时为该省学生提供奖学金。此外，岘港还在沙湾拿吉省建立了一家越南语中心以及多家农场。①

岘港尤其注重可持续发展方面的国际合作。2013 年 8 月，岘港在世界银行的资助下开启了价值 27213.5 万美元的“岘港可持续城市发展”项目，项目资金中的 20243.5 万美元是来自世界银行的国际发展援助，该项目将极大地改善岘港的公共交通和卫生系统，据估计将有 40 万本地人从中受益。② 2009 年，岘港与德国国际合作机构（GIZ）达成了“环境与气候友好城市发展”项目的协议，德国国际合作机构是德国联邦政府所有的国际企业。根据该合作协议，

---

① Da Nang Portal, “Sister Cities,” http://www.danang.gov.vn/portal/page/portal/danang/english/danang_info/sis? p_pers_id=&p_folder_id=16407785&p_main_news_id=29611076&p_year_sel=, accessed on 1 August 2014.

② Tong Minh, “Da Nang: Taking Advantage of International Opportunities of Sustainable Development,” 6 March 2014, http://www.talkvietnam.com/2014/03/da-nang-taking-advantage-of-international-opportunities-for-sustainable-development/, accessed on 15 August 2014.

岘港将从该机构获得建设绿色城市的技术、设备、资金援助，具体行动包括，德国国际合作机构将协助岘港政府进行气候与环境变化的监控，协助岘港政府收集气候数据等。[①] 2014 年 2 月，德国国际合作机构向岘港捐赠了价值 20 亿越南盾（约合 58 万元人民币）的设备，用于环境监控。[②]

在岘港的国际合作伙伴中，日本占有举足轻重的地位。以岘港政府的门户网站为例，该网站除提供越南语和英语信息之外，还提供日文信息。2004 年 9 月，岘港政府决定在东京设立代表机构。该机构由岘港市政府的国际事务部负责，主要职责包括，在日本提升岘港的城市形象，宣传岘港的发展潜力，对日本市场进行调研，协助两国企业进行投资、贸易，在日本进行旅游推介，以及促进越南尤其是岘港对日本的劳务输出等。[③]

（四）文莱斯里巴加湾市：起步中的城市外交

斯里巴加湾市是文莱首都，同时也是文莱第一大城市，人口大约 14 万（全国总人口为 39. 3 万），面积 100. 36 平方公里（全国总面积 5765 平方公里）。斯里巴加湾市从 17 世纪起成为文莱首都，原

---

① German International Cooperation, "Environmentally and Climate Friendly Urban Development in Da Nang," http://www.giz.de/en/worldwide/18611.html, accessed on 5 August 2014.

② Tong Minh, "Da Nang: Taking Advantage of International Opportunities of Sustainable Development," 6 March 2014, http://www.talkvietnam.com/2014/03/da-nang-taking-advantage-of-international-opportunities-for-sustainable-development/, accessed on 5 August 2014.

③ Da Nang Portal, http://en.danang.gov.vn/portal/page/portal/danang/english/danang_info/admin/rep, accessed on 5 August 2014.

称“文莱城”，1970 年 10 月 4 日改为现名。文莱自古以来就是东南亚的重要港口，也是海上丝绸之路的重要枢纽，“文莱（Brunei）”一词在梵语中就是“海上贸易者”的意思。[①] 历史上，郑和曾两次造访文莱。

文莱分区、乡和村三级。全国被划分为 4 个区：文莱-摩拉（Brunei-Muara）、马来奕（Belait）、都东（Tutong）和淡布隆（Temburong），斯里巴加湾市位于文莱-摩拉区。根据文莱宪法，区长和乡长均由政府任命，村长则由村民选举产生。文莱经济以石油天然气产业为支柱，非油气产业（如制造业、建筑业、金融业及农、林、渔业等）均不发达。[②] 2014 年文莱 GDP 总额折合为 163.3 亿美元，人均 GDP 折合 4 万美元，其中石油和天然气收入约占 GDP 的 68%和出口总额的 96%。

随着文莱石油经济的飞速发展，斯里巴加湾市也逐渐成为一个现代化城市，城市化进程不断加快。在基础设施方面，斯里巴加湾市有 93 米长的商业码头，141 米长的供海军和政府船舶使用的泊位和 40 米长的旅客码头。该市的国际机场每周有多个航班直达东盟各国、澳大利亚、中东、欧洲、日本、中国（香港和上海）等国家，2009 年客运量 154 万人次，货运量 1.92 万吨。目前国际机场正在扩建，预计建成后年客流量可提高至 300 万人次。[③]

与东南亚其他主要城市相比，斯里巴加湾市的城市外交处于相

---

① 《中国驻汶莱使馆临时代办：“新海丝”建设正逢其时》，中新网，2014 年 8 月 6 日 http：//big5.chinanews.com：89/gn/2014/08-06/6466831.shtml，2014 年 8 月 14 日登录。

② 中华人民共和国驻文莱达鲁萨兰国大使馆：《文莱概况》，2014 年 2 月 24 日，http：//www.fmprc.gov.cn/ce/cebn/chn/sbgx/t908060.htm，2014 年 8 月 14 日登录。

③ 中华人民共和国驻文莱达鲁萨兰国大使馆：《文莱概况》，2014 年 2 月 24 日，http：//www.fmprc.gov.cn/ce/cebn/chn/sbgx/t908060.htm，2014 年 8 月 14 日登录。

对落后的阶段，文莱几乎缺席了所有区域内的城市网络组织。但难能可贵的是，中国与文莱之间的城市外交却是一枝独秀。2011 年南京与斯里巴加湾市结为友好城市，这是斯里巴加湾市第一次与外国城市结为友好关系。对此，《文莱时报》曾这样写道，“法国的阿尔萨斯、美国的达拉斯、意大利的佛罗伦萨……这些城市和斯里巴加湾市有什么共同之处？这些城市和斯里巴加湾市同属于一个特殊的俱乐部。它们都是中国南京的友好城市。”① 其热情溢于言表。

更重要的是，海上丝绸之路使得中国和文莱之间存在着深厚的历史渊源。事实上，早在 600 多年前，两国人员就有频繁的接触。1408 年来中国朝贡的文莱国王曾受到明成祖朱棣的热情款待，后因病身故，就葬于南京。中国政府提出的 21 世纪海上丝绸之路也得到了斯里巴加湾市的支持。2015 年 3 月，为期一个月的“碧海丝路，东方之舟”展览在斯里巴加湾市举办，该展览以海上丝绸之路为主题。可见，中国同文莱之间的城市外交不仅享有丰厚的文化遗产，同时双方也存在强烈的合作意愿，其前景必然是光明的。②

（五）印度尼西亚巨港：“可持续交通”的践行者

巨港位于苏门答腊岛东南部，跨穆西河下游两岸，面积 400.61 平方公里，人口约为 150 万。巨港城市海拔仅 2 米，市内水道纵横，

① Brunei Times, “Nanjing, the Sister City of Bandar Seri Begawan,” 28 November 2010, http://www.bt.com.bn/art-culture/2011/11/28/nanjing-sister-city-bandar-seri-begawan, accessed on 15 August 2014.

② 新华网：《中国与文莱联合举办“碧海丝路，东方之舟”展览》，http://news.xinhuanet.com/world/2015-03/23/c_1114735926.htm，2015 年 8 月 16 日登录。

有“水城”之称。巨港历史悠久，公元 7 世纪在此曾出现了东南亚强大的海上王国——室利佛逝，17 世纪荷属东印度公司曾在此开辟贸易商站，建立堡垒。从行政区划来看，印尼共设有 33 个一级地方行政单位（包括 30 个省以及大雅加达首都特区、日惹特区、亚齐特区）。[①] 巨港是南苏门答腊省首府，下辖 16 个区，107 个次区。

制造业、贸易、旅游、运输和服务业是巨港市的支柱产业。主要工业有石油、天然气、煤炭，以及化肥、纺织、木雕、食品、家具、服装等中小型工业，手工业较为发达。农业以种、养殖为主，出产棕榈果、咖啡、家畜和水产品。巨港水上交通便利，航运发达，是印度尼西亚第四大商埠，与 70 多个国家和地区有贸易往来。[②] 近年来，南苏门答腊省的经济快速发展，其地区生产总值在 2008—2011 年之间实现了 5.3%的平均增速，2010 年人均 GDP 达到 900 美元。[③] 这其中，巨港的经济表现尤为突出，2003 年至 2008 年，巨港经济平均增速超过 7%。2008 年巨港人均 GDP 达到 3300 美元。[④] 世界银行的一项调查结果显示，巨港的经商环境在 20 座印尼城市中排

① 中华人民共和国驻印尼使馆经商参处：《印尼行政区划》，http：//id. mofcom. gov. cn/article/ddgk/zwjingji/201005/20100506903117. shtml，2014 年 8 月 14 日登录。

② 《印尼巨港概况》，南博网，http：//www. caexpo. com/special/2007Magic_City/ydnxy_jg/Static1. html，2014 年 8 月 14 日登录。

③ Economic Section of the US Embassy in Jakarta, “Indonesia Provincial Commercial Business Opportunities,” http：//photos. state. gov/libraries/indonesia/502679/pdf-etc/Business_ IndonesiaEconomicandBusinessOpportunityOverview. pdf, pp. 4-5, accessed on 14 August 2014.

④ CDIA, “Pre-Feasibility Study in Urban Transport Project Palembang, Indonesia,” http：//www. cdia. asia/wp-content/uploads/gravity_ forms/27/2011/07/Executive_ Summary_ Palembang_Pre_feasibility_Study_Urban_transport. pdf, accessed on 15 August 2014.

名第三，优于东亚和太平洋国家的平均水平。①

在城市外交方面，巨港表现积极。目前，巨港已经与巴塞罗那、釜山、别尔哥罗德、法兰克福、高雄、曼彻斯特、马赛、鹿特丹、圣彼得堡、旧金山、札幌、米兰、威尼斯等十余座城市结为友好城市关系。② 2002 年，福建省漳州市与巨港正式结为友好城市关系。③ 2007 年 10 月印尼驻中国大使苏德拉查赴广西贵港市考察期间，随团考察的印尼巨港市代表又与贵港市签订了友好城市意向协议。④ 除了城市间双边往来以外，巨港加入的区域内城市网络组织有亚太城市间合作网络等。

巨港非常重视城市发展中的环境问题。2008 年和 2010 年，该市都被评为印尼全国最干净的城市。⑤ 此外，巨港还是印尼政府选定的三个“可持续交通”示范城市之一。2008 年，巨港市长同其他 10 个亚洲城市的市长就环境问题签署宣言，承诺推行环保的公共交通设施，提倡清洁能源的使用。⑥

---

① Economic Section of the US Embassy in Jakarta, “Indonesia Provincial Commercial Business Opportunities,” http://photos.state.gov/libraries/indonesia/502679/pdf-etc/Business _ Indonesia EconomicandBusinessOpportunityOverview.pdf, pp. 4-5, accessed on 14 August 2014.

② Sister Cities of the World, http://en.sistercity.info/, accessed on 24 July 2014.

③ 福建省人民对外友好协会：《友好城市简介——印尼巨港市》，http://www.fjfao.gov.cn/yhxh/yhcs/200709/t20070928_515453.htm，2014 年 8 月 15 日登录。

④ 广西新闻网：《印尼驻中国大使苏德拉查先生一行考察贵港市小记》，2007 年 11 月 7 日，http://www.gxnews.com.cn/staticpages/20071107/newgx4730e4ff-1284730.shtml，2014 年 8 月 15 日登录。

⑤ Arientha Primanita, Ismira Lutfia and Ulma Haryanto, “Palembang Wins Nation's Cleanest Major City Award,” Jakarta Globe, 6 September 2010, http://www.thejakartaglobe.com/archive/palembang-wins-nations-cleanest-major-city-award/, accessed on 15 August 2014.

⑥ Adianto P. Simamora, “Batam, Makassar, Palembang Promise Green Transport,” *The Jakarta Post*, 15 November 2008, http://www.thejakartapost.com/news/2008/11/15/batam-makassar-palembang-promise-green-transport.html, accessed on 15 August 2014.

在这样的发展目标下，巨港积极通过城市外交的手段寻求国际合作和技术支持。从 2009 年开始，巨港与德国国际合作机构开展了为期七年的“可持续城市交通改善项目”。[①] 该项目涉及快速公交系统的建立、停车位的管理、摩托车的限制使用、人行道的改造等方面。[②] 2009 年 7 月 27 日，巨港又与首尔就“可持续交通系统”签署合作备忘录。[③] 首尔自 2004 年开始对其公交系统进行改革，改革后首尔使用公共交通的民众出现明显上升，目前首尔市民中有 64%的人选择公共交通。[④] 巨港希望通过城市合作引进首尔的先进经验，其代表为此还专程赴首尔考察其快速公交换乘系统。[⑤]

2010 年巨港市获得了亚洲城市发展中心（CDIA）的支持，合作旨在有效降低巨港城市运输系统的二氧化碳排放量，同时改善城市中低收入群体的日常出行。在 2010 年 7 月—2011 年 1 月期间，亚洲城市发展中心投入 42 万美元对巨港的城市交通系统进行了全面调查，对其基础设施投资进行规划设计，同时协助巨港联系潜在投资者。[⑥] 根据亚洲城市发展中心调查报告，目前，巨港在城市发展方面面临的问题还包括城市基础设施（如桥梁）缺乏，私家汽车数量

① 关于项目的主要内容，见 SUTP 网站，http：//www. sutp. org/about-us，accessed on 15 August 2014。

② GIZ，“Sustainable Urban Transportation Improvement Project，” http：//www. giz. de/en/worldwide/16635. html，accessed on 15 August 2014.

③ CityNet，“Seoul and Palembang Sign MOC on C2C Cooperation，” http：//citynet-ap. org/seoul-and-palembang-sign-moc-on-c2c-cooperation/，accessed on 15 August 2014.

④ 《首尔人上班花 42 分钟，64%的人选择公共交通》，新华网，2013 年 2 月 9 日，http：//news. xinhuanet. com/world/2013-02/19/c_124360017. htm，2014 年 8 月 15 日登录。

⑤ CityNet，“Seoul and Palembang Sign MOC on C2C Cooperation，” http：//citynet-ap. org/seoul-and-palembang-sign-moc-on-c2c-cooperation/，accessed on 15 August 2014.

⑥ CDIA，“Project Overview：Palembang，Indonesia，” http：//www. cdia. asia/wp-content/uploads/gravity_forms/14/2011/07/Palembang-Indonesia. pdf，accessed on 15 August 2014.

上升过快，城市贫困人口面临边缘化危险等。[①] 在这些方面寻求国际先进经验以及合作可能将是巨港城市对外交往中的主要议题。

（六）马来西亚马六甲：挖掘历史的宝贵资源

古城马六甲是马来西亚马六甲州的首府，马六甲州位于西马来西亚西海岸，与林美兰、柔佛两州为邻，形状似三角形，两边接陆，一边濒海。马六甲州面积为 1650 平方公里，人口约为 83 万，其中马来人占总人口的 65.8%，华人 26.4%，印度人 6.2%。[②] 马六甲城面积 304.29 平方公里，居民近 50 万。马六甲历史悠久，建于 1390 年，是海上丝绸之路的必经之地，大量爪哇、印度、阿拉伯和中国商人曾来往于此。1405 年，郑和曾到访马六甲，当地至今仍保留着纪念这位中国伟大航海家的“三保山”。从 16 世纪起，马六甲历受葡萄牙、荷兰和英国的殖民统治。[③]

马来西亚是联邦政府体制国家，共有 13 个州，包括西马的柔佛、吉打、吉兰丹、马六甲、森美兰、彭亨、槟榔屿、霹雳、玻璃市、雪兰莪、丁加奴以及东马的沙巴、沙捞越。另有首都吉隆坡、纳闽、布特拉加亚三个联邦直辖区。联邦政府控制了财政、外交、国防、国家内部安全、教育和社会福利等方面，各州政府的权力则

① CDIA, “Pre-Feasibility Study in Urban Transport Project Palembang, Indonesia,” http://www.cdia.asia/wp-content/uploads/gravity_forms/27/2011/07/Executive_Summary_Palembang_Pre_feasibility_Study_Urban_transport.pdf, accessed on 15 August 2014.

② Melaka State Government, “Fact and Number,” http://www.melaka.gov.my/en/tentang-kami/fakta-nombor, accessed on 15 August 2014.

③ Melaka State Government, “Melaka History,” http://www.melaka.gov.my/en/tentang-kami/sejarah, accessed on 15 August 2014.

集中于土地、水资源的管理以及伊斯兰教问题。

马六甲自然资源相对匮乏，旅游业是马六甲城的支柱产业，占其 GDP 的比重超过 70%。2011 年，马六甲城吸引游客 1210 万人次，旅游业为政府创造了 22 亿美元的税收，旅游业从业人员达 25000 人。[①] 就全州经济来说，制造业的重要性与日俱增。自 20 世纪 70 年代以来，马六甲州开始对外开放吸引海外投资者，其经济也已经取得了长足发展。目前该州有 23 个工业基地，500 家来自美国、德国、日本、中国台湾和新加坡的公司在此设厂。在大力发展旅游业的同时，马六甲致力于将自己打造为制造业的天堂，设有丹绒吉宁（Tanjung Kling）和峇株安南（Batu Berendam）两个自贸区，进口原材料享受免税待遇。[②]

马六甲的友好城市包括里斯本、荷兰的霍恩、伊朗的设拉子和赞詹、印尼的佩坎巴鲁和智利的瓦尔帕莱索。[③] 2002 年，马六甲州与江苏省结为友好城市。2008 年，马六甲市又与江苏省的南京市结成友好城市关系。2000 年开始，马六甲城每年都会举办“马六甲友好城市国际年会”，并邀请其友好城市的市长和代表出席，以此加强同友好城市之间的联系。到 2014 年 4 月为止，该年会已经连续举办了 14 届。

2008 年马六甲被联合国教科文组织列入世界遗产名录，马六甲城市外交中的很多活动也围绕历史文化遗产保护以及促进旅游业发

① UNISDR, “Twinning for Disaster Risk Reduction,” http://www.unisdr.org/archive/26146, accessed on 15 August 2014.

② Melaka Net, “Malacca Today,” http://www.melaka.net/melakatoday.htm, accessed on 15 August 2014.

③ Sister Cities of the World, http://en.sistercity.info/, accessed on 24 July 2014.

展而展开。2011 年 5 月，马六甲州政府与柬埔寨政府达成合作意向，希望加强两者之间的合作，借鉴柬埔寨在历史文化遗产保护方面的宝贵经验。① 2013 年 1 月，马六甲城又与柬埔寨的暹粒签署旅游合作协议，承诺促进双方游客互访。②

作为沿海城市，马六甲面临洪水、山体滑坡等自然灾害的威胁。自 2009 年以来，马六甲市投入 4100 万美元用于洪灾治理，然而该项目并没有完全避免大量降雨等极端天气给马六甲造成的影响。有数据显示，2007 年 1 月的洪灾给马六甲所在的柔佛—彭亨（Johor-Pahang）地区造成了超过 6 亿美元的损失，受灾人数达 13.7 万。③ 为此，马六甲与世界 1014 座城市一道加入了联合国减灾战略的“世界减灾运动（World Disaster Risk Reduction Campaign）”，通过该运动分享减灾方面的信息，促进经验交流，同时敦促本国上级政府更加关注地方团体在自然灾害面前的艰难处境。④

综上所述，东南亚各国城市外交发展的整体水平呈现出参差不齐的特点，菲律宾、印尼的城市外交发展水平处于相对领先的地位，而缅甸、老挝、文莱则相对落后。同时，该地区的城市外交也出现了从双边合作向多边合作转型的特征，区域内活跃着诸多城市网络组织。就合作议题来看，东南亚城市积极通过国际交流合作引

---

① Melakatravel, “Melaka and Cambodia Forge Cooperation to Restore Heritage Sites,” 7 May 2011, http://www.melakatravel.com/2011/05/melaka-and-cambodia-forge-cooperation-to-restore-heritage-sites/, accessed on 15 August 2014.

② Cambodia Grand Tour, “Siem Reap-Melaka Reach Tourism Cooperation Agreement,” 15 January 2013, http://cambodiagrandtour.com/4552/siem-reap-melaka-reach-tourism-cooperation-agreement/, accessed on 15 August 2014.

③ UNISDR, “Twinning for Disaster Risk Reduction,” http://www.unisdr.org/archive/26146, accessed on 15 August 2014.

④ Ibid.

进先进技术及资金，以克服自身发展面临的各种挑战。在众多议题中，自然灾害应对、可持续发展，以及基础设施改造是东南亚城市开展城市外交活动的主要利益诉求。此外，从上文我们也可以看出，在很多跨国城市合作中，都可以看到日本政府的身影。本文的下一节将着重分析日本在东南亚开展的城市外交活动，以期为我国的政策制定者提供有价值的参考。

五、日本在东南亚的城市外交实践

日本在东南亚的城市外交实践开始较早，如果以友好城市的缔结作为参考指标，早在 1965 年，日本就在该地区缔结了第一对友好城市关系。[①] 20 世纪 80 年代末以来，日本的城市外交进入快速发展阶段，日本自治体不再满足于象征意义较强的友城关系的建立，城市外交的形式更加多样化，且更加注重实效，自治体的外交活动也对中央政府的外交形成了有益的补充。在东南亚地区，中国与日本既有合作，也存在明显的竞争关系。在这样的大背景下，考察城市和地方政府在日本东南亚外交中扮演的角色，理解城市外交对日本整体外交形成的支撑作用，将为我国的东南亚外交提供重要参考。

---

① 1965 年，日本的横滨市与菲律宾的马尼拉市成为友好城市。自治体国際化協会「姉妹都市提携一覧表」、http：//www. clair. or. jp/j/exchange/shimai/kibou. html、2016 年 1 月 20 日登录。

（一）日本友城缔结数据分析

日本城市外交工作起步较早。早在 1955 年 12 月，长崎市就与美国明尼苏达州的森特·波尔市结成了第一对姐妹城市。到 2014 年为止，日本缔结的友城总数达到 1661 对，其中与亚洲城市缔结的友城关系共计 588 对，占总数的 35.4%。图 1 描绘了日本友城数量的变化趋势。不难看出，从 1955 年至 20 世纪 80 年代中期，日本缔结的友好城市数量在小幅波动中逐渐增长。20 世纪 80 年代后期，日本城市外交进入快速发展阶段，友城增长速度明显加快，仅在 1994 年，日本就缔结了 72 对友城关系。然而，1995 年后，日本友城数量的增加速度开始放缓。2014 年，日本仅缔结了 1 对友城关系。

在东南亚地区，日本缔结的友城关系并不多，仅有 38 对（见表 5）。从发展的时间线来看，日本在这一地区的友城合作始于 20 世纪 60 年代中期。1965 年，日本的横滨市与菲律宾的马尼拉市成为友好城市，这是日本自治体与东南亚城市缔结的第一对友城关系。1965—1976 年，日本自治体在这一地区的友城合作缓慢发展，12 年内仅缔结了 7 对友城关系，合作对象也十分单一，7 个友城均来自菲律宾。[①] 1977 年 8 月，日本首相福田赳夫出访东盟五国和缅甸，并提出了著名的“福田主义”，这是日本战后第一次公开表明其对东盟的基本外交政策。[②] 以此为标志，日本加大了在东南亚地

---

① 自治体国際化協会「姉妹都市提携一覧表」、http：//www.clair.or.jp/j/exchange/shimai/kibou.html、2016 年 1 月 20 日登录。

② 乔林生：《福田主义与日本的东盟外交》，《日本研究》2007 年第 2 期，第 60 页。

区的外交与经济投入。日本自治体的友城合作也在一定程度上反映了国家整体外交的走向，1978—1989年，友城合作进入了一个相对较快的发展阶段，缔结友城关系14对，合作对象也进一步多元化，除与菲律宾缔结的7对友城关系以外，还与印尼缔结了4对、泰国2对、马来西亚1对。[①] 此后，日本在东南亚地区的友城合作再次放缓，1990—1999年，仅缔结友城关系8对，2000—2014年，共缔结友城9对。[②]

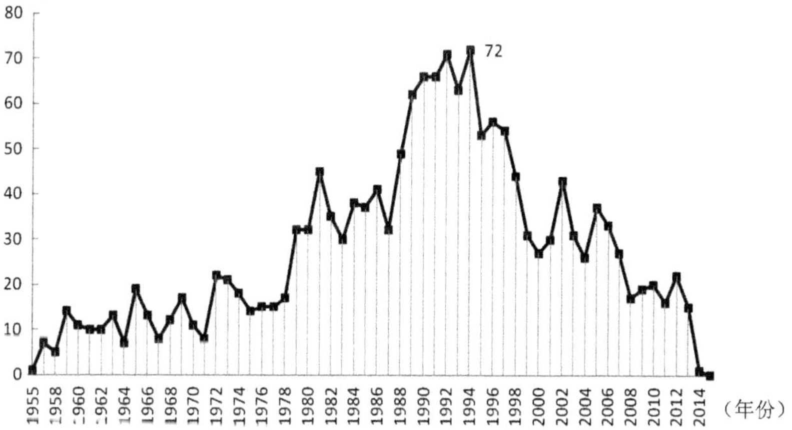

图1　日本友好城市数量变化趋势（1955—2014年，单位：对）

资料来源：自治体国際化協会「姉妹都市提携一覧表」、http：//www.clair.or.jp/j/exchange/shimai/kibou.html，2016-01-20。

① 自治体国際化協会「姉妹都市提携一覧表」、http：//www.clair.or.jp/j/exchange/shimai/kibou.html、2016年1月20日登录。

② 同上。

表 5　日本在东南亚地区缔结友好城市数量（单位：对）

国别	缔结友城数量
文莱	0
柬埔寨	1
印度尼西亚	7
老挝	0
马来西亚	2
缅甸	0
菲律宾	18
泰国	7
新加坡	0
越南	3
总计	38

资料来源：自治体国際化協会「姉妹都市提携一覧表」、http：//www. clair. or. jp/j/exchange/shimai/kibou. html、2016-01-20。

值得注意的是，友城缔结的放缓并不意味着日本城市外交出现了停滞不前的状态，恰恰相反，日本城市外交工作的重点发生了变化。就城市外交发展的不同阶段而言，缔结友城关系是相对初级的交往形式，注重善意的传达，象征意味较强。① 从 20 世纪 80 年代末开始，日本愈加强调城市外交带来的实际政治、经济利益，日本城市外交进入了深入发展阶段。20 世纪 90 年代初，日本自治省正式提出了“从交流到合作”的口号，随后又宣布 1995 年为这一转型的“初始年”，这既是对已经开始了的转型的肯定，也为自治体进

① Purnendra Jain, *Japan's Subnational Governments in International Affairs* (New York: Routlege, 2005), p. 90.

一步参与外交事务提供了有力支持。[①] 在这样的政策指导下，日本城市外交工作出现了一系列新想法、新制度，城市外交的形式愈加多样化，友城数量这一单一指标越来越不能反映日本城市外交发展的真实水平。

我们可以将日本在东南亚开展的城市外交活动分为两类：国际交流（International Exchange）与国际合作（International Cooperation）。“国际交流”主要指地方政府以建立跨国经济、文化、社会联系为主要目标的国际活动，其象征意味较强，注重善意的传达、人际关系的建立。除建立姐妹城市关系以外，日本地方政府目前在东南亚地区开展的“国际交流”活动还包括“日本交流与教学项目”，以及“地方政府交流与合作研讨会”等。与“国际交流”项目相比，“国际合作”项目则更加强调合作带来的政治与经济利益：一方面，“国际合作”项目将自治体更加紧密地纳入中央政府的外交框架下，使自治体的国际活动可以有效增加日本国家的整体战略优势；[②] 另一方面，“国际合作”项目也成为自治体在国际舞台上代表自身经济利益的重要手段。在“从交流到合作”这一主张的倡导下，自治体在协助中央政府执行官方开发援助（Official Development Assistance，下文简称 ODA）方面发挥了越来越大的作用，为发展中国家的地方政府提供了大量技术援助，而技术援助又进一步促进了地方商业利益的实现。目前，日本在东南亚开展的“国际合作”项目主要包括“专家派遣工程”和“地方政府官员培训项目”等。

---

① Purnendra Jain, *Japan's Subnational Governments in International Affairs* (New York: Routlege, 2005), pp. 87, 96.

② Ibid.

（二）日本城市外交转型与发展的原因分析

本文认为，日本中央政府（尤其是外务省）观念的变化以及随之而来的制度构建和资源注入，是导致日本城市外交转型与发展的主要原因，下文将对这三个因素逐一进行论述。

1. 观念的变化

对于自治体参与外交事务，中央政府各部门所持态度存在一定不同。支持自治体建立国际联系并参与外交活动的中央省厅主要有日本自治省;① 相反，外务省对于自治体参与外交事务曾持怀疑、抵制的态度，认为自治体的加入将破坏外务省对于外交事务的垄断权，且将强化自治省在部门竞争中的优势地位。② 然而，从 20 世纪 80 年代末开始，外务省的负面态度逐渐有所改变，且开始意识到自治体在外交事务中可以发挥不可替代的作用，并通过一系列制度构建，积极规范、引导自治体的外交行为。③ 几方面因素共同促成了这样的观念变化：

从宏观层面来看，随着冷战的缓和与结束，国家面临的外部安全威胁得到了极大缓解。同时，全球化进程的推进加深了不同国家之间的相互依赖。随之而来的两个变化是，外交议程的极大延展，

---

① 在 2001 年开展的日本中央省厅再编中，自治省与总务厅和邮政省两个部门合并为现在的日本总务省。

② Jain, *Japan's Subnational Governments in International Affairs*, pp. 39, 42.

③ Ibid., pp. 43-44.

以及国内政策与外交政策界限的模糊。[1] 面对日益复杂的政策环境，中央政府在处理国际事务时面临的压力急剧增加。包括气候变化、环境污染、贫困消减在内的诸多全球治理议题，不仅需要非政府行为体的参与，也亟须地方政府的支持，以及地方治理经验的引进。在这样的背景下，中央政府垄断外交事务的信心有所下降。与此同时，中央政府在一些问题上的缺位，也引起了地方政府的不满，后者参与国际事务、通过国际合作为自身发展问题寻求解决之道的愿望随之加强。[2] 此外，科技进步带来的交通运输、通信成本的下降，强化了地方政府独立参与国际事务的能力，减少了它们对中央政府或大型企业资源的依赖。[3] 在这样的背景下，各国中央政府开始了向地方放权的过程。

以上宏观层面的变化在日本均有所体现，且因该国政治经济发展中的一些特性，表现得尤为突出。20 世纪 90 年代初，日本经济泡沫破灭，日本社会对中央政府治理能力的迷信也消失殆尽，关于“中央向地方放权”的呼声越来越强烈。[4] 1995 年，日本颁布了《地方分权推进法》，进一步加大了地方政府的自主权。同时，随着经济形势的恶化，中央政府以往不合理的财政政策所造成的负面影响愈加凸显。首先，中央政府的资源分配向某些地区倾斜，导致地区以及城乡发展不均衡，相对落后地区的居民感到被政府忽视，而

① Hocking, *Localizing Foreign Policy*: *Non-Central Governments and Multilayered Diplomacy*, p. 15.

② Ibid. , also see Rosenau, *Turbulence in World Politics*: *A Theory of Change and Continuity*, 1990, p. 3.

③ David Arase, “Shifing Patterns in Japan’s Economic Cooperation in East Asia: A Growing Role for Local Actors?” *Asian Perspective*, Vol. 21, No. 1, 1997, p. 41.

④ Ibid. , p. 42.

这些地区的地方政府也急于通过国际合作弥补资源不足的劣势。很多农村地区的政府官员开始走出国门，希望通过引进国际经验，实现日本农村的复兴。① 其次，中央政府和地方政府之间也存在资源分配不合理的问题。自治体承揽了所有公共服务中的三分之二，而其获得的公共收入仅占全部公共收入的三分之一。② 人口老龄化的加剧以及就业形势的日益严峻，导致了自治体的财政状况进一步恶化。有统计显示，日本自治体债务总量占国民生产总值的比例由1990 年的 15%攀升至 1995 年的 27%，2000 年的 37%，以及 2004 年的 40%。③ 自治体面临的财政困境和中央政府的无能为力，加强了自治体参与外交事务的合法性。同时也迫使自治体更加注重国际合作带来的实际经济利益。

与此同时，由日本外务省主导的日本外交工作也遭遇困境。作为战败国，日本军事力量的发展受《波茨坦公告》《开罗宣言》等条约以及日本宪法的约束，这也在很大程度上限制了日本与东南亚国家开展安全合作及其追求区域大国地位的能力。④ 在这样的背景下，经济外交成为日本改善与东南亚国家关系的主要手段。⑤ 1977

① John Knight, "Rural Kokusaika? Foreign Motifs and Village Revival in Japan," *Japan Forum*, Vol. 5, No. 2, 1993, pp. 207, 209.

② Alain Schebath, "Financial Stress in the Japanese Local Public Sector in the 1990s: Situation, Structural Reasons, Solutions," in *Cities, Autonomy, and Decentralization in Japan*, ed. Carola Hein and Philippe Pelletier, New York: Routledge, 2006, p. 84.

③ Ibid.

④ 葛建廷：《日本对东南亚的经济外交：历史与现实》，《欧洲研究》2014 年第 4 期，第 100 页。

⑤ Bhubhindar Singh, "ASEAN's Perceptions of Japan: Change and Continuity," *Asian Survey*, Vol. 42, No. 2, 2002, p. 280.

年，日本政府宣布与东南亚各国的战争赔偿协议已履行完毕。[①] 此后，ODA 取代战争赔款，成为日本经济外交最重要的政策工具。无论是 70 年代后期日本推行的旨在改善越南与东盟国家关系的“桥梁外交”，[②] 还是 80 年代日本与东盟在处理柬埔寨危机时的密切合作，[③] ODA 都是日本撬动与东南亚国家关系的主要杠杆。

然而，进入 80 年代后期，在日本经济外交中占有支柱地位的 ODA 政策却面临国内与国际的双重压力，改革变得迫在眉睫。就国内压力而言，经济泡沫的破灭增加了日本中央政府的财政压力。1997 年通过的《财政结构改革法案》明确要求缩减 ODA 支出，这也迫使外务省必须思考，如何在资源有限的条件下进一步改善 ODA 的使用效率。[④] 在国际层面，20 世纪 80 年代后期开始，日本 ODA 政策受到了越来越多来自国际社会（尤其是西方发达国家）的批评。这主要是因为，日本以往的 ODA 政策侧重于拓宽日本产品的国际市场。[⑤] 然而，随着日本经济实力的不断增强，其将对外援助与本国产品进行捆绑的做法显然与日本经济大国的地位不相符合。在国际社会的压力下，日本政府不得不将援助项目与购买日本产品脱

---

① 周杰：《战后初期日本对东南亚“赔偿外交”的策略变化分析》，《浙江师范大学学报（社会科学版）》，2007 年第 5 期，第 73 页。

② 关于“桥梁外交”及日本对越援助，请参见 SueoSudo，“The Road to Becoming a Regional Leader: Japanese Attempts in Southeast Asia, 1975 - 1980,” *Pacific Affairs*, Vol. 61, No. 1, 1988, pp. 27-50。

③ 关于日本为解决柬埔寨危机而做出的援助承诺，请参见 SueoSudo，“Japan-ASEAN Relations: New Dimensions in Japanese Foreign Policy,” *Asian Survey*, Vol. 28, No. 5, 1988, p. 519。

④ Ministry of Foreign Affairs of Japan, “Council on ODA Reforms for the 21st Century Final Report,” http://www.mofa.go.jp/policy/oda/reform/report21.html, accessed on 28 July 2016.

⑤ Feasel, *Japan's Aid: Lessons for Economic Growth, Development and Political Economy*, pp. 30-46.

钩。有数据显示，1987 年，日本企业赢得了 55%与援助项目相关的合同，而到了 1999 年，这一比例下降至 19%。① 换言之，在促进商业利益的实现方面，传统的、由中央政府所掌控的外交政策工具正在失去功效。其次，日本以往的 ODA 项目侧重受援国基础设施的建设，技术援助相对有限，对受援国的其他发展问题（如环境问题、贫困问题等）关注较少，长期忽略当地居民的实际需求，这一做法也引起西方国家的不满。②

正是在这样的背景下，外务省开始重新审视自治体在外交事务中可能发挥的积极作用。首先，自治体可以代替中央政府，在国际舞台上代表地方商业团体的利益，缓解中央政府面临的国际压力。更重要的是，在对 ODA 政策进行改革的过程中，日本中央政府逐渐减少了对基础设施建设的援助，转而加强对发展中国家的技术援助。然而由于缺乏国内社会治理经验，外务省在促进技术援助时面临种种限制；相反，自治体则在应对各类发展问题方面积累了宝贵的经验技术，这也促使中央政府进一步承认地方政府在对外事务中的地位和作用。③ 从 80 年代末开始，日本的 ODA 外交出现了中央向地方放权的趋势。据专业人士估计，现今每年由日本都、道、府、县独立执行的 ODA 项目多达 500 个。④ 日本中央政府观念的转变，促成了日本城市外交的转型与发展。

---

① Arase, "Introduction," p. 4.

② Feasel, *Japan's Aid: Lessons for Economic Growth, Development and Political Economy*, p. 2.

③ Jain, *Japan's Subnational Governments in International Affairs*, pp. 106-107.

④ Ibid., pp. 98-99.

2. 制度构建

随着国际国内形势的变化，以外务省为代表的日本中央政府机构逐渐改变了过去的怀疑态度，以更加开放的心态看待自治体在国际事务中的积极作用。为提高中央政府与地方政府外交活动的协调性，日本中央政府采取了一系列措施，通过制度建设协助和引导自治体开展国际合作。1986 年，日本外务省设立了国际化咨询中心，专门为负责国际交流的地方政府官员提供帮助。[①] 1991 年开始，外务省开始为自治体派遣至海外执行技术援助的专家提供资金支持。[②] 其他中央政府机构，如负责 ODA 技术援助的日本国际协力机构（Japan International Cooperation Agency）、负责提振日本产品出口的日本贸易振兴机构（Japan External Trade Organization），以及负责为 ODA 基础设施项目提供贷款的日本国际协力银行（Japan Bank for International Cooperation），也纷纷通过各种培训及伙伴计划开展与自治体的合作。[③] 另外，负责地方政府工作的日本自治省也颁布了一系列文件，规范自治体的对外交往，其中包括 1987 年的《关于地方公共团体开展有关国际交流的指导》、1988 年的《对于开展国际交流的城市的指导》，和 1989 年的《关于地域国际交流促进大纲有关政策的指导》等。[④] 这些措施在一定程度上减少了外务省与自治体

---

① Catherine Lu, Toshihiro Menju, and Melissa Williams, "Japan and 'the Other': Reconceiving Japanese Citizenship in the Era of Globalization," *Asian Perspective*, Vol. 29, No. 1, 2005, p. 119.

② Jain, *Japan's Subnational Governments in International Affairs*, p. 44.

③ Ibid., pp. 46-49.

④ 李海涛：《日本：自治体的国际化与对外交往》，李小林主编《城市外交理论与实践》，北京：社会科学文献出版社 2016 年版，第 184 页。

外交活动可能产生的竞争与冲突，两者并行不悖、相辅相成的态势更加明显。

更重要的是，自治体的城市外交工作有了统一的牵头机构，制度化水平得到明显提高。1988 年，在自治体及私人机构的资助下，专门协助自治体从事海外活动的日本自治体国际化协会（The Council of Local Authorities for International Relations，下文简称 CLAIR）成立。如今，CLAIR 不仅在全国 47 个都、道、府、县以及 20 个城市设有办公室，[①] 还先后在纽约（1988）、伦敦（1988）、巴黎（1990）、新加坡（1990）、首尔（1993）、悉尼（1994）和北京（1997）开设了海外办公室。与此同时，CLAIR 还与日本国内的各自治体联合组织，如日本市长协会（Japan Association of City Mayors），实现了对接，成为这些协会的海外代表机构。[②] 目前，除了 JET 等交流、合作项目的海外执行以外，CLAIR 承担的职责还包括：帮助自治体招募姐妹城市，协助自治体承办国际会议，在海外为自治体推广旅游及本地产品等。可以说，CLAIR 已经成为连接日本自治体与国际社会最重要的桥梁，其规模之大、职责范围之广在整个世界范围内也是首屈一指的。[③]

日本城市外交的实践者在制度构建方面做出的努力不仅体现在国内层面上，还体现在国际层面上。如前所述，在整个世界范围内，城市外交经历了从双边到多边的转型。面对这一国际潮流，日本自

---

① CLAIR, "List of Domestic Branches," http://www.clair.or.jp/e/clair/sibulist.html, accessed on 7 March 2016.

② City Mayors, "Japanese Mayors," http://www.citymayors.com/mayors/japanese-mayors.html, accessed on 7 March 2016.

③ Jain, *Japan's Subnational Governments in International Affairs*, p. 49.

治体也积极响应，先后设立了三个跨国城市网络。1987 年，在联合国亚太经济与社会委员会（UNESCAP）、联合国开发计划署（UNDP）、联合国人居署（UN-HABITAT）的支持下，日本名古屋市议会通过决议，成立“城市网络”（CityNet）。1992 年，CityNet 又在横滨市设立了秘书处，至今该组织已吸纳了 42 个东南亚城市成为其成员。[①] 2000 年，北九州清洁环境倡议（Kitakyushu Initiative for a Clean Environment）在北九州市成立，该组织接受 UNESCAP 的指导及日本政府的资金资助，曾有 19 个东南亚城市成为该组织成员。[②] 2002 年，东京都又提议成立了“21 世纪亚洲主要都市网”（Asian Network of Major Cities 21，下文简称 ANMC21），并将该组织总部设在东京，在东盟 10 国中，有 7 个国家的首都已经成为 ANMC21 的会员。[③] 可以说，日本已成为亚洲地区多边城市外交的重要领导者。作为城市外交的多边机构，跨国城市网络的建立极大地强化了日本城市外交工作的效率。

3. **资源注入**

日本城市外交的发展有赖于中央政府在 ODA 上的长期投入。从 20 世纪 70 年代开始，随着日本经济发展水平的提升，日本向发展中国家提供的 ODA 也不断增加。根据不同的 ODA 计算方法，在 20 世纪 80 年代末和 90 年代初，日本曾一度超过美国等西方发达国家

---

① 作者根据组织网站信息统计，2013 年该组织总部迁往韩国首尔，参见 CityNet，http://citynet-ap.org，accessed on 27 June 2015。

② 该组织于 2012 年关闭。Stefan Niederhafner，“Comparing Functions of Transnatioinal City Networks in Europe and Asia，” *Asia Europe Journal*，no. 11（2013），p. 390.

③ 作者根据组织网站信息统计，参见 ANMC21，http://www.anmc21.org/english/member/index.html，2015 年 6 月 17 日登录。

成为全球最大的 ODA 提供国。[①] 尽管这一时期，日本自治体并未在 ODA 项目的执行中发挥直接作用，但日本中央政府的援助在改善日本国际形象方面，起到了关键作用。一个突出的对比就是：1974 年 1 月，日本首相田中角荣出访东盟五国，雅加达、曼谷以及马来西亚多地爆发大规模反日示威游行。[②] 以此为转折点，日本开始加大对东南亚地区的经济援助，更加积极地参与东南亚政治事务，并逐渐改变了“东南亚经济的掠夺者”的形象。[③] 根据 1995—1998 年在东南亚地区开展的一项民意调查，在反日情绪曾经十分普遍的菲律宾和印度尼西亚，分别有 55%和 85%的受访者表示，“日本是值得信任的合作伙伴”。[④] 从这个意义上讲，日本的 ODA 外交为自治体的国际合作营造了良好的大环境。90 年代初经济泡沫破灭后，日本迫于财政压力调整了其 ODA 政策，ODA 总量于 90 年代后期停止增长，甚至在一些年份出现下滑（见图 2）。尽管如此，在 ODA 总量未提高的前提下，日本援助政策明显向东南亚国家倾斜，并始终保持在较高水平（见表 6）。2013 年，日本共向东盟国家提供了 34.75 亿美元的赠款、价值 4.42 亿美元的无偿技术援助，以及 52.93 亿美元的优惠贷款。[⑤]

---

① David Arase, “Introduction,” in *Japan's Foreign Aid: Old Continuities and New Directions*, ed. David Arase (New York: Routledge, 2005), p. 1.

② Ministry of Foreign Affairs of Japan, Diplomatic Bluebook 1974, http://www.mofa.go.jp/policy/other/bluebook/1974/1974-03-01.htm, accessed on 7 March 2016.

③ Singh, “ASEAN's Perceptions of Japan: Change and Continuity,” p. 283.

④ SueoSudo, *The International Relations of Japan and South East Asia: Forging a New Regionalism* (New York: Routledge, 2002), p. 54.

⑤ Ministry of Foreign Affairs of Japan, “Assistance for Each Region: East Asia,” http://www.mofa.go.jp/files/000119324.pdf, accessed on 7 March 2016.

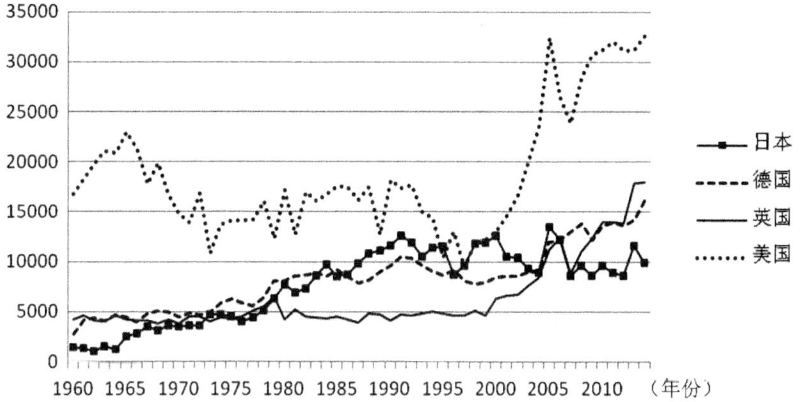

图 2　日本、德国、英国、美国净 ODA 总量对比（1960—2014 年）

（单位：百万美元）

资料来源：Organization for Economic Cooperation and Development, "Official Development Assistance (ODA) Dataset," https://data.oecd.org/oda/net-oda.htm, accessed on 31 January 2016.

表 6　日本对东南亚六国 ODA 对比（单位：百万美元）

国别	1960 年	1970 年	1985 年	2010 年
菲律宾	4.8	4.3	151.9	870
泰国	0.1	3.8	186.8	286
印度尼西亚	2.5	29	176.7	2018
缅甸	3.7	2.7	105.5	2163
越南	0.2	0.3	0.4	1415
马来西亚	0	0.5	96.8	182

注：以 2000 年美元价格计算。

数据来源：Edward M. Feasel, *Japan's Aid: Lessons for Economic Growth, Development and Political Economy* (New York: Routledge, 2015), p. 50。

除了改善民意环境以外，ODA 在促进城市外交方面还发挥了更为直接的作用。从受援国的角度看，日本政府向发展中国家提供的经济援助采取“申请制”，即由受援国政府提出援助申请，日本政府再予以审批。在实践中，援助申请很少出自受援国的中央政府，而是来自城市和地方政府。这主要是因为，相对于前者，后者真正了解援助项目的必要性及可行性。① 受援国的地方政府经常与在本地经商的日本公司进行合作，对日本中央政府进行游说。随着 ODA 向地方放权进程的推进，与日本地方政府建立友好联系，也成为影响日本 ODA 决策的重要途径。② 可以说，日本中央政府的 ODA 政策，为本国及受援国的地方政府提供了经济激励，从国内与国外两个方向促进了城市外交的发展。一个典型的例子就是，泰国黎逸府与日本岛根县的横田町共同发起了在泰国乡村学校推广日本算盘使用的教育项目，该项目最终获得了日本中央政府的 ODA 资助。这不仅使泰国地方政府受益，同时也挽救了横田町濒临破产的算盘产业。③

（三）地方与国家利益的实现

在代表城市利益方面，日本自治体逐渐摸索出一套既凸显自身优势，又能促进互利共赢的做法，城市外交已经成为自治体实现自身经济利益的重要政策工具，同时也对国家整体外交利益的实现形成了有力的策应。

① Edward M. Feasel, *Japan's Aid: Lessons for Economic Growth, Development and Political Economy* (New York: Routledge, 2015), p. 56.

② Jain, *Japan's Subnational Governments in International Affairs*, pp. 46–49, 91.

③ Ibid., p. 94.

1. 以技术援助带动产品输出

通过ODA技术援助带动日本产品的出口，是日本政府的惯常做法。对于受援国而言，在接受了日本的技术培训后，选择熟悉的日本产品的概率也会随之增加。[①] 根据爱德华·费泽尔（Edward M. Feasel）的测算，日本ODA增加10%，将带动3.3%的出口增长。[②] 在这方面，自治体延续了中央政府的做法：在推广城市治理经验的同时，积极地为本地企业创造商机。2015年，东京都在主办“亚洲灾害管理大会”期间，就不失时机地邀请参会的各国地方官员参观了在东京举办的安全设备贸易博览会。[③]

就在东南亚地区开展的国际活动而言，横滨市的表现尤为突出。2011年1月，横滨市发起了一项名为“横滨资源与技术合作伙伴”的项目（Yokohama Partnership of Resources and Technologies，简称Y-PORT），该项目明确提出要通过公共与私人领域的合作，使横滨的技术更好地为发展中国家的城市发展做出贡献。[④] 根据该计划，横滨将通过一系列伙伴计划的签署，成为衔接日本中央政府各部门、日本地方企业、学术机构以及外国地方政府的桥梁。2011年10月，横滨市与日本国际协力机构签署了伙伴协议；到目前为止，亦有多家日本企业成为横滨在该项目上的全面合作伙伴。在建立国际

---

① Jain, *Japan's Subnational Governments in International Affairs*, p. 95.

② Feasel, *Japan's Aid: Lessons for Economic Growth, Development and Political Economy*, p. 38.

③ ANMC21, “Joint Projects: Crisis Management,” http://www.anmc21.org/english/projects/CR-network/index.html, accessed on 7 March 2016.

④ City of Yokohama, “What is the Y-PORT Project?” http://www.city.yokohama.lg.jp/kokusai/yport/en/about/, accessed on 28 July 2016.

联系方面，目前与横滨签署伙伴协议的外国地方政府均来自东南亚，它们分别是泰国的曼谷、越南的岘港、菲律宾的宿务以及印度尼西亚的巴淡岛，合作议题包括城市发展、水资源循环、气候变化等方面。① 从 2012 年起，作为 Y-PORT 项目的一部分，横滨市每年举行一次“亚洲智慧城市大会”，会议邀请东南亚地方政府领导人、国际组织代表、日本企业代表、学术机构代表，及日本外务省、环境省、国土交通省的官员参加。该活动已成为横滨对外推广其智慧城市技术和相关产品的重要平台。②

不仅如此，日本自治体主导创立的城市网络组织 CityNet 和 ANMC21 也将提振工业、促进基础设施建设等经济目标纳入其日程。值得注意的是，不同于善于全盘布局和操作大型项目的中央政府，地方政府的国际合作更加适应地方经济的需求，尤其是地方企业的需要。2013 年 9 月，ANMC21 就在其会员城市河内举办了“日本物造技术展”，专门为东京的中小型企业，尤其是那些有兴趣在越南开展业务的企业做推广。③

2. 把握东南亚城市的技术需求，改善对外投资环境

日本中央政府和自治体针对东南亚城市展开的外交工作赢得了后者的积极响应，其中一个主要原因在于日方对东南亚城市需求的

① City of Yokohama, “Y-PORT Partners,” http://www.city.yokohama.lg.jp/kokusai/yport/en/about/, accessed on 28 July 2016.

② City of Yokohama, “The 4th Asian Smart City Conference in Yokohama,” http://www.city.yokohama.lg.jp/kokusai/yport/pdf/ascc2015reporte.pdf, accessed on 28 July 2016.

③ “Introducing the Technologies for Tokyo Small & Medium-Sized Businesses in Hanoi,” *Interaction Asia*, No. 29, 2013, http://www.asianhumannet.org/english/newsletter/201311/2.html, accessed on 28 March 2016.

准确把握。如上文所述，东南亚是世界上自然灾害最为严重的地区之一，海啸、台风、地震都威胁着东南亚城市的安全，而因很多东南亚城市地势较低，尤其容易遭遇洪灾。鉴于此，日本自治体及中央政府也由此入手，通过分享自己在灾害应对方面的经验，加强同东南亚城市的合作。早在 1998 年，横滨市就与曼谷合作，推广日本的洪水控制技术。在横滨市污水管理局官员的指导下，曼谷建立了在日本广为应用的“雨水储存池”，并在泰国全国范围内进行推广。① 东京都也以其主导建立的跨国城市网络 ANMC21 为平台，拓展与东南亚城市的联系，并主持 ANMC21 框架下的灾害管理项目，鼓励城市之间的经验交流和信息流通。该项目于 2003—2015 年共组织了 13 届“亚洲灾害管理大会”，其中有三届是东京都主办的，包括曼谷、河内、雅加达、吉隆坡、马尼拉、新加坡、仰光在内的东南亚城市都已成为该项目最主要的参与者。②

灾害管理不仅体现了日本自治体在国际合作中的相对优势，同时也与日本的经济利益密切相关。东南亚是日本企业海外投资的主要目的地之一。2011 年 7 月泰国发生的特大洪灾曾严重破坏了曼谷及其周边五省的工业基地，重创了泰国制造业。据世界银行估计，洪水造成的损失达 450 亿美元。③ 其中日本企业损失尤为惨重，被

① UN Habitat, "City-to-City Cooperation: Issues Arising from Experience," file: ///D: /%E4%B8%93%E9%A2%98/city%20diplomacy/City-to-City%20Cooperation%20Issues%20Arising%20From%20Experience. pdf, accessed on 25 July 2014.

② ANMC21, "Joint Projects: Crisis Management," http: //www. anmc21. org/english/projects/CR-network/index. html, accessed on 7 March 2016.

③ World Bank, "The World Bank Supports Thailand's Post-Floods Recovery Effort," 13 December 2011, http: //www. worldbank. org/en/news/feature/2011/12/13/world-bank-supports-thailands-post-floods-recovery-effort, accessed on 13 August 2014.

迫停产的日本公司多达 450 家。[1] 日本各级政府均面临着来自国内商业团体的压力。[2] 2011 年 11 月，作为众多日本制造企业的注册地，日本爱知县及其首府名古屋市与日本国际协力机构共同派出专家团队，对曼谷工业区的受破坏情况进行考察。[3] 2012 年 11 月，在日本国际协力机构的协调下，日本横滨市又与曼谷签订了《曼谷气候变化总体规划项目 2013—2023》，根据该协议，曼谷将采用横滨政府的经验与技术，应对气候变化带来的包括洪灾在内的一系列挑战。[4] 以上这一系列举措充分说明，对于日本各级政府而言，通过国际合作推广自身在灾害应对方面积累的经验，已成为为本地企业海外投资保驾护航的重要手段。

3. 为国家整体外交形成策应

自治体的外交活动对日本在东南亚的整体外交形成了良好配合。如前文所述，日本自治体在中央政府的 ODA 外交中发挥了越来越大的作用。日本外务省将这一放权过程称为 ODA 的“外包战略（contracting-out strategy）”，指将小规模的 ODA 项目交由非政府组织、大学、智库、咨询机构及地方政府及其附属机构（如地方政府

---

① Ministry of Foreign Affairs of Japan, “Disaster Aid and Disaster Risk Reduction Measures: Responding to the flood damage in Thailand,” http://www.mofa.go.jp/policy/oda/white/2012/pdfs/0202_2.pdf, accessed on 28 July 2016.

② Ooska News: “Japanese Investors Urge Renewal of Thai Flood Prevention Projects,” 28 May 2014, https://www.ooskanews.com/story/2014/05/japanese-investors-urge-renewal-thai-flood-prevention-projects_160760, accessed 28 August 2014.

③ JICA, “Preventing Future Flooding in Thailand,” www.jica.go.jp/english/news/field/2011/20111228_01.html, accessed on 28 July 2016.

④ JICA, “Project for Bangkok Master Plan on Climate Change 2013-2023,” http://www.jica.go.jp/project/english/thailand/016/outline/index.html, accessed on 28 July 2016.

之间组成的国际化联盟）来执行，这不仅可以弥补中央政府不具备地方治理经验的缺陷，同时也使中央政府可以将精力集中于大规模的援助项目。[①] 这样的“外包策略”减少了中央政府的负担，也更有利于 ODA 项目执行效率的提升。

在国内政治方面，日本外务省也逐渐发现，ODA 外交的顺利推行需要来自国内社会的支持。在财政资源紧缺的情况下，国内社会的理解显得尤为重要。因此，早在 20 世纪 90 年代，外务省就明确提出要加强信息披露、公民的发展问题教育以及公民在 ODA 外交中的参与程度。[②] 相对于中央政府，地方政府、非政府组织、智库等行为体与日本基层社区保持着更为密切的联系，在向中央政府输送具有地方治理经验的人才和帮助中央政府进行政策解释方面，这些“非中央政府行为体”均发挥了至关重要的作用。

综上所述，日本在东南亚的城市外交经历了“从交流到合作”的转型，城市外交活动不再以象征意味较强的友城缔结为主要形式，而是更加强调城市外交所带来的实际的政治、经济利益，城市外交进入了深入发展阶段。促成这一转型产生的是中央政府思想观念的转变、新制度的构建和大量资源的注入。新形式的城市外交也为日本自治体及中央政府带来了显著的收益，有效带动了日本产品和技术的输出，为日本的海外投资创造了更加优越的环境，同时也使中央政府和自治体的外交活动成为更加协调统一的整体。

单就友城数量而言，中国与东南亚城市缔结的友城数量总数已经远超日本。截至 2015 年，中国与东南亚城市缔结了 153 对友城关

---

① Ministry of Foreign Affairs of Japan, “Council on ODA Reforms for the 21st Century Final Report,” http://www.mofa.go.jp/policy/oda/reform/report21.html, accessed on 28 July 2016.

② Ibid.

系（见表2），而日本仅缔结了38对（见表5）。与此同时，中国在东南亚地区的友城分布更为合理，东盟国家无一例外均与中国存在友城关系。因此，如何利用好友好城市这一平台，为城市外交注入更多实质性内容，使城市外交更好地服务于国家整体外交的需要，是摆在中国城市和地方政府面前的一个亟须回答的问题。下一节，本文将探讨在建设"一带一路"的新形势下开展城市外交的意义，并在此基础上结合北京城市外交的实践提出三点政策建议。

六、东南亚与中国的城市外交

（一）在东南亚开展城市外交的意义

东南亚是21世纪海上丝绸之路上的第一站，中南半岛还是丝绸之路经济带的重要分支，在东南亚开展城市外交具有重大意义。从国家整体利益来看，大力发展与丝路沿线城市的城市外交，将对中国推进"一带一路"倡议形成有益补充，真正形成所谓的"多层外交"。如前文所述，东南亚很多国家经济发展不均衡的特点十分明显，城市与城市之间的经济发展水平差距大，城乡差距更大，一些城市在国家经济中所占比重极大。从这个意义上讲，在东南亚开展跨国城市合作将对"一带一路"的建设起到事半功倍的效果。

更重要的是，在东南亚开展城市外交，可以有效缓解周边国家对"中国威胁"的担忧。近年来，随着中国经济的快速发展和国力的迅速提升，中国与东南亚国家间的力量结构急剧变化。此外，美国自 2010 年以来开始推行“亚太再平衡”战略，在美国军事援助加大的背景下，越南、菲律宾等国同中国在南海主权问题上的矛盾进一步激化。中国自身实力的提高和区域外大国的干预共同决定了，中国周边外交工作的难度有所增加。尽管中国建设“一带一路”的倡议旨在促进经贸、投资方面的合作共赢，但一些东南亚国家的政策制定者仍对中国有所疑虑，担心在经济上对中国的过度依赖，将使其在领土主权等政治安全议题上处于劣势，这样的担忧在一定程度上为“一带一路”的建设设置了障碍。而相较主权国家的外交活动而言，以城市为行为主体的外交活动政治意味较弱，经济、文化意味较强。以城市为主体推进“一带一路”倡议，有助于降低合作项目的政治敏感性，同时有助于促进中国与东南亚国家间的相互了解及“民心相通”的实现。

在东南亚开展城市外交，还将带来宝贵的经济机会。东南亚城市在推进城市可持续发展的过程中，面临着城市基础设施升级的问题，这也涉及大量的资金投入。然而，目前区域内的城市网络组织可以提供的支持往往仅局限在技术、信息方面，融资方面的支持则略显不足。中国的一个优势在于，中国是一个充满活力的经济体，具有一定资本优势。2014 年 10 月，中国发起成立了亚洲基础设施投资银行。同年 12 月，丝路基金正式开始运行。这些举措都将加大中国的跨境基础设施投资能力。我们也有理由相信，在交通大干线的建设之外，东南亚城市的市政改造也可以成为中国海外投资的一个新方向。中国各级地方政府也可以在引领海外投资的过程中起到牵头作用，以私人领域的投资促进城市外交的开展。同时，在参与东南亚城市建设的过程中，中国城市也可以积累城市发展经验，这可谓是城市外交中的双赢。

此外，在东南亚开展城市外交，还有利于中国城市和地方政府寻求经验技术，解决自身发展面临的问题。可以说，东南亚城市在发展中遇到的空气污染、交通拥堵、垃圾处理等问题，也是中国城市亟待解决的问题。当下，东南亚城市已经通过与国际组织建立联系、与发达国家城市和政府开展合作，以及加入跨国城市网络等方式，引进了大量城市管理中的先进经验。积极开展城市外交，参加区域内的跨国城市网络，将成为中国城市和地方政府引进国外先进技术的重要渠道。

（二）北京城市外交的发展

北京市的友城活动始于 1979 年，东京于当年 3 月同北京结为友好城市。此后，北京的友城工作加速发展：1980—1989 年，北京结成友好城市关系仅 8 对，而 1990—1999 年，北京新增友好城市数量翻了一番，达到 17 对。2000 年以后，北京的友城工作取得的成绩一度十分有限，2000—2004 年，仅缔结友好城市关系 1 对。但随着 2008 年北京奥运会筹备工作的展开，北京市的友城工作取得了突飞猛进的进展，2005—2008 年，北京结成的友城关系多达 16 对，成功实现了《北京市外事工作发展规划（2004—2008）》确定的任务和目标。到 2015 年 4 月为止，北京已与 47 个国家的 52 个城市建立了友好城市关系，其中欧洲国家城市 21 个，亚洲 15 个，美洲 10

个，非洲和大洋洲各3个，友城关系的布局更趋合理。①

除了在数量上有所增加以外，北京市的友城工作还向“多层次”“宽领域”的方向发展。“多层次”体现在北京市下辖各区县也积极展开了友城工作，截至2014年5月，区县友城已经达到97个（其中在全国人民友好协会备案的有11个）。“宽领域”则指友城合作涉及的议题更加多样化：在“发展”方面，在2009—2014年，根据外交部、中联部的要求以及驻外使领馆建议，北京市分别向哈萨克斯坦阿斯塔纳市、阿尔巴尼亚地拉那市、哥斯达黎加圣何塞市等16个友城开展了18项捐赠活动；在“经济”方面，友城也成为促进北京对外经贸合作的重要渠道，2010年和2012年，北京先后举办了两届以友城为参与主体的“城市可持续发展论坛”，期间共促成30个合作项目的签约；在“文化”方面，在2009—2014年，北京共与42个友城开展了69项文化交流项目。②

在参与城市网络组织、开展多边外交方面，北京市也取得了一定成绩。2005年，北京市正式向城市网络组织UCLG提出申请，并于2006年成为该组织会员。2007年10月28日，在韩国济州举行的UCLG第二届世界大会上，北京市被推选为该组织世界理事会和执行局成员，并于2010年成功连任。2008年，北京又加入世界奥运城市联盟等多边组织，并参加了第五届国际水都会议、第九届世界大都市会议等一系列城市多边外交活动。跨国城市网络日益成为北

① 相关数据参见中国人民对外友好协会《全国各省、自治区、直辖市建立友好城市统计》，http：//www. cifca. org. cn/Web/JieHaoBiao. aspx，2015年8月15日登录。

② 本段内容涉及的数据参见赵会民《关于北京市国际友好城市工作情况的报告——2014年5月22日在北京市第十四届人民代表大会常务委员会第十一次会议上》，http：//fuwu. bjrd. gov. cn/rdzw/information/exchange/bulletinwords. do？method=showInfoWeb&Id=2014975，2015年9月10日登录。

京市获取技术支持、破解城市发展难题的重要渠道。比如，北京就根据自身发展的需要，加入了 UCLG 的城市交通委员会和数字知识城市委员会。[①] 与此同时，北京市也开始在多边城市外交舞台上发挥主导作用。2012 年，北京发起成立了世界旅游城市联合会(World Tourism Cities Federation，简称 WTCF)，邀请世界各国城市加强合作、共享旅游发展经验。至今，WTCF 已经从成立之初的 58 个城市和机构增加到了 135 个会员单位，其中城市会员 88 个，机构会员 47 个。[②]

在与国家整体外交进行协调方面，服务于整体外交一直是北京城市外交的首要原则。首先，在维护国家主权和核心利益方面，北京利用友城渠道开展涉外斗争。在 1980 年与 1984 年，北京市先后与美国纽约、华盛顿结为友好城市，但因政治原因，北京中断了与这两个城市的友好关系达 15 年，直到 2004 年才得以恢复。[③] 1997 年，北京市与巴黎市结为友好城市。2008 年，法国巴黎市长向巴黎市议会提议授予达赖“巴黎荣誉市民”称号，提议获得巴黎市议会通过，北京市为此发表公开反对声明，并通过相关市属媒体发表了《北京市坚决反对巴黎市授予达赖“荣誉市民”称号的公开声明》。[④] 其次，在落实国家领导人出访方面，北京城市外交也起到了十分积极的作用。2010 年，时任国家副主席的习近平访问白俄罗

① 北京市人民政府外事办公室：《外事年鉴》，http：//www. bjfao. gov. cn/zwgk/wsnj/index. htm，2015 年 9 月 30 日登录。

② 世界旅游城市联合会，http：//cn. wtcf. travel/，2015 年 9 月 30 日登录。

③ 高龙：《友好城市因何“死亡”或“冬眠”?》，《南方都市报》2012 年 5 月 16 日，http：//news. sina. com. cn/c/2012-05-16/051924423026. shtml；北京市人民政府外事办公室：《外事年鉴》，http：//www. bjfao. gov. cn/zwgk/wsnj/index. htm，2015 年 9 月 30 日登录。

④ 同上。

斯，北京市推动住总集团和首旅集团等企业在明斯克市投资建设明斯克“北京饭店”；2013 年，李克强总理出访印度，此后北京与印度德里邦缔结了友好城市关系，[①] 这些举措都为国家间关系的发展添加了更为切实的内容。最后，城市外交还起到了国家整体外交无法起到的作用。例如，在中日两国关系的艰难时期，北京市和区两级人大与东京都各级议会的友好交往，在培育知华友好力量方面就发挥了重要作用。[②]

（三）建设“一带一路”背景下的北京城市外交

“一带一路”的建设离不开中国城市和地方政府的参与。作为首都，北京更应“立足国际交往中心定位，服务国家对外交往大局，主动融入国家‘一带一路’战略，深化对外交流与合作”。[③] 具体而言，在参与“一带一路”的建设过程中，北京可以从以下三个方面入手：

第一，从国内和国际两个方向入手，推进中国城市多边外交的发展。如前文所述，城市网络组织有效地提高了城市外交的效率，多边城市外交逐渐成为城市外交的主要形式。很多国家的地方政府

---

① 赵会民：《关于北京市国际友好城市工作情况的报告——2014 年 5 月 22 日在北京市第十四届人民代表大会常务委员会第十一次会议上》，http：//fuwu. bjrd. gov. cn/rdzw/information/exchange/bulletinwords. do? method = showInfoWeb&Id = 2014975，2015 年 9 月 10 日登录。

② 同上。

③ 王安顺：《政府工作报告——2015 年 1 月 23 日在北京市第十四届人民代表大会第三次会议上》，人民政协网，http：//www. rmzxb. com. cn/zt/2015bjlh/yw/436881. shtml，2015 年 1 月 23 日登录。

也积极组成城市联盟，以集体身份参与跨国城市网络，并在海外进行自我推广，前文介绍的日本国自治体国际化协会就是一个典型的例子。类似机构的设立有效提高了城市外交的专业水平，同时有利于不同城市整合外交资源，降低外交成本。鉴于此，中国城市也应尽快改变“单打独斗”的局面，尽快建立由“一带一路”支点城市组成的城市联盟，成立统一、专业的代表机构，一方面实现与海外城市网络组织的对接，另一方面也可效仿日本，在“一带一路”沿线国家的首都或重要城市设立海外分支机构，协助中国地方政府和地方企业更快更好地“走出去”。

此外，中国城市还应从国际方向入手推进多边城市外交的发展，主导建立跨国城市网络组织，通过多边平台吸引“一带一路”沿线城市的加入。现有的跨国城市网络组织多由西方国家主导建立，在东南亚地区，日本、韩国则占有主导地位。“一带一路”倡议既给中国城市外交提出了新的要求，也为中国城市外交创造了新的机遇，世界期待看到中国在“一带一路”的建设上提出更加具体的设想和建议。在这样的背景下，中国城市和地方政府需及时行动，为国家整体外交形成策应。设立“以我为主”的跨国城市网络组织有利于我国城市和地方政府掌握议题设立的优势，并根据自身发展的需要，利用多边平台引进国外城市先进的技术和管理经验，同时也将各地的优质企业推出去。

作为首都，北京具有更为丰富的城市外交经验，有更为专业的外事工作人员，同时，北京还是国际航空客运在国内的首位联系城市、全国及国际铁路运输的总枢纽。基于这些优势，北京理应带头搭建中国城市网络，这也有助于弥合中国不同地区城市外交水平的巨大差异。此外，北京还应利用自身国际交往中心的优势，围绕“一带一路”这一主题，努力构建新的跨国城市网络组织，并促成中国城市网络与跨国城市网络的对接。只有这样，中国城市和地方政府才能在对外交往中更多地享受到“主场外交”的优势。

第二，总结北京城市治理中的经验，促进先进经验向外交资源的转化。从日本在东南亚地区开展城市外交的活动中，我们不难看出这样一个现象，日本政府的ODA项目之所以受到东南亚城市和地方政府的欢迎，在很大程度上是因为，日本自治体在地方治理方面积累了先进经验，地方治理的成功进而产生了一定的示范效应，加大了日本技术和产品对东南亚国家的吸引力。与此同时，日本政府ODA政策曾一度遭遇国际社会的批评，而日本自治体直接参与ODA的执行，并利用自身的地方治理经验帮助受援国的地方政府解决了诸如垃圾处理、雨水储存等实际问题，有效地缓解了外界对于日本中央政府经援外交的不满。这也为中国的政策制定者带来了启示：在推动中国优势产业和中国资本走出去的同时，中国也应更加关注当地的社会、环境和民生等问题。而要应对这些问题，外交政策制定部门需要更加重视地方政府的治理经验。

北京在过去几十年中逐渐成为一个国际大都市，尽管在很多方面北京仍受“大城市病”的困扰，其“宜居性”也受到一些人诟病，但北京也在诸如世界级大型活动的举办，以及城市基础设施（尤其是轨道交通）的运营与管理等诸多方面积累了宝贵经验，这些经验也应该进一步转化为城市外交乃至中央政府外交的重要资源。

第三，加强与中央政府各部门的沟通与协调，建立制度化的协调机制。作为一个单一制国家，中国城市外交的从属性和合作性大于其对中央政府整体外交构成的竞争性。中国特色的行政管理体系在一定程度上保证了地方政府的外交行为不至于损害中央政府的对外政策目标，比如，国务院、外交部等部门对地方政府的外事管理部门和对外经贸机构进行经常性的业务指导。然而，“一带一路”倡议的提出为我国的外交工作提出了新的任务。在新的形势下，中央与地方政府在外交活动的协调方面，不应局限在减少冲突的有限目标上，更应进一步完善协调机制，以更加充分地发挥地方政府的独特作用。日本中央政府在 ODA 项目上所执行的“外包战略”及其取得的良好效果，就很好地说明了这一点。

具体而言，要更好地参与“一带一路”的建设，北京市应与亚洲基础设施投资银行、丝路基金等“一带一路”的资金平台建立制度化的联络机制，一方面为北京创造更多经济机遇，另一方面也促使这些机构更好地了解北京的城市治理经验，了解大型项目在建设、维护与运营中可能遇到的问题。同时，北京市政府还应搭建平台，促进北京企业与中央企业的合作，借助后者规模大、实力强、国际化程度高的优势，为自身创造更多商机。

综上所述，在东南亚开展城市外交对于“一带一路”的建设具有至关重要的作用。东南亚国家“首位城市”举足轻重的地位在一定程度上决定了，抓住重要节点城市即抓住了“一带一路”的核心，将使“一带一路”的建设产生事半功倍的效果。开展城市外交还将降低“一带一路”合作的政治敏锐性，有效促进“一带一路”沿线的民心相通。而北京的首都地位带来了资金、技术和人才的聚集，具备开展城市外交的强大优势。因此，北京理应在围绕“一带一路”倡议展开的城市外交活动中发挥领导作用，为国家整体外交形成有力策应。

七、结语

综上所述，本文对城市外交的概念和相关理论进行了深入探讨，并分析了东南亚城市外交的发展现状，并为我国——尤其是北京——的城市外交工作提出一系列政策建议。东南亚是 21 世纪海上丝绸之路的第一站，中南半岛同时也是丝绸之路经济带的重要分支。东南亚国家的首都和重要城市既是本国经济的增长极，也是“一带一路”的重要节点，具有参与“一带一路”建设的巨大潜力。大力开展与节点城市的城市外交，将对“一带一路”倡议的推进形成有力支撑，也将促进中国城市和地方政府的外交活动进一步融入国家整体外交的大战略中。

北京建设世界城市的城市外交策略研究

熊 炜[*] 黄书铭[**] 余长征[***]

本文阐述了全球化大背景下城市的发展和功能，简要回顾了城市兴起和城市外交发展的过程，对城市外交的概念进行了界定，归纳了城市外交的特点。在此基础上，从全球治理的视角分析了城市的外交竞争策略，并以伦敦参与全球气候治理进程及阿姆斯特丹市围绕解决跨国移民问题而开展的城市外交活动为例进行了阐释，最后对北京市的城市外交策略提出了建议。

* 熊炜，外交学院外交学与外事管理系教授、研究生部主任。

** 黄书铭，外交学院外交学专业研究生。

*** 余长征，察哈尔学会高级研究员。

一、全球化背景中的城市

（一）城市的发展和功能

城市的发展和功能具有很多种表现形式，其实很难用一个定义来概括。在中文语境中，城市是指人口密集、工商业发达的地方。《韩非子·爱臣篇》称："是故大臣之禄虽大，不得藉威城市；党羽虽众，不得臣士卒。"唐朝杜甫的诗中说："路衢唯见哭，城市不闻歌。"[①]在英文中，城市对应的单词是"city"，按照牛津英语词典的解释，city 是"a large and densely populated urban area"，其含义也是指人群及商业的聚集地。准确地说，我们其实很难用一个定义来适用于超越空间和时间的所有城市。[②]

学术界虽然没有对城市概念具有统一的界定，但对城市的看法却形成了一些基本共识：城市是由生活在同一地域的人组成的一个人类共同体；城市作为一个人类共同体必须具有正式的建制，即具有共同体所在国的中央政府正式授予的城市资格并具有中央政府正式授权成立的相应的行政管理机关。具体而言，应符合以下标准：一是具有一定人口规模；二是具有一定人口密度；三是具有正式的

① 《辞源》（第一册），北京：商务印书馆 1992 年版，第 603 页。

② ［美］保罗·诺克斯、琳达·迈克卡西：《城市化》（顾朝林等译），北京：科学出版社 2011 年版，第 23 页。

行政区划；四是具有特定的职业构成。[①]联合国区域开发中心建议城市人口数量的最低限是2万人，即被称为“城市”的人类聚居地的人口数量不能少于2万人。少于2万人但高于2000人的人口聚居地可以称为“镇”（town），人口少于2000的聚居地被称作“村”（village）。[②]这个标准当然应该随着不同国家的人口数量的区别而在不同国家有所区别。

中华人民共和国国务院在1955年颁布了《国务院关于设置市、镇建制的规定》，确定了中国城市建制的人口标准是：“中央直辖市、省辖市以及常住人口在3万以上的县人民委员会所在地、工商区都属城市。”以及“聚居人口10万以上的城镇，可以设置市建制。居住人口不足10万的城镇，必须是重要的工矿基地，省级地方国家机关所在地、规模较大的物资集散地或者边远地区的重要城镇，并确有必要时，方可设置市的建制”。[③]

虽然在远古的农耕时代，随着人类开始定居生活，城市就已经出现，但是城市的繁荣发展却是工商业发展的结果。特别是现代城市文明的发展标志着人类的生活方式发生了革命性改变。正如美国作家弗雷德里克·豪和林肯·斯蒂芬森所宣称的那样：

“现代城市在人类文明中标志着一个时代的到来，由此诞生一个新的社会。在所有关系中，生活在不断改变，一个新的文明已经诞生……社会已经演化为一个有机体，正如人类自身一样，具有头脑、心脏和神经系统……它是一个能动的有机体，具有意识，能够

① 谢文蕙、邓卫：《城市经济学》，北京：清华大学出版社1996年版，第1—2页。

② 同上，第6页。

③ 王续琨、仇黎明等：《中国城市行政系统建设及改革》，大连：大连理工出版社1998年版，第9页。

做出一致的行动，能够反应，能够准备，具备智能……有助于形成一个明确的政治和社会理念。”①

总的来看，在城市学的研究文献中，定义城市的本质与功能主要包含以下内容：②

第一，城市是指人口聚集的地方，但重点不在于人口的多寡，主要在于居住的密度。

第二，城市是以群组的方式形成的，很少单一或独立的产生，城市形成有其一脉相承的城市系统，即最低水准的小乡镇依附其发展。

第三，必须有城市的界限，即使没有物理的界限，也有法律规定的界限。

第四，城市内部的社会阶层构成完整，必须由不同的职业区分、贫富阶级的居民所组成。

第五，城市具有属于自己独特的资源作为城市的主要经济来源。

第六，城市是地区管理的中心，在城市里通过法律、制定条例规章、管理财富、决定财富分配。

第七，城市的形状较无序的村庄较为完整，即便轮廓不工整，但街道街坊还是规整的。

第八，城市一般具有政治、军事、宗教、文化的象征性功能，或是国家的、地区的象征。

第九，城市是由物理要素——建筑与人文要素——居民所组

---

① ［美］布赖恩 贝利：《比较城市化——20 世纪的不同道路》（顾朝林等译），北京：商务印书馆 2008 年版，第 10 页。

② 参见王受之《城市史第一部：有机城市》，台北：艺术家出版社 2004 年版，第 111—115 页。

成，即城市的形式、城市的实际功能，以及吸引人们来居住的观念和价值组合起来，就是一个完整的城市氛围。

（二）城市的兴起

在过去的20世纪里，城市化可以说是对人类社会产生最大影响的社会过程之一，并且直到目前为止，城市化几乎是唯一一个被看作是现代化和经济增长的直接目标。而21世纪又是真正的城市世纪，人类的发展和面对的挑战都与城市有关，城市外交作为一种新型外交方式对国际政治经济发展和人类社会生活都发挥着越来越重要的作用，因此我们的研究也将围绕着城市而展开。目前，世界人口已经达到了70亿，其中超过半数处于二十五岁以下。2007年，世界城市人口总量首次超过了农村人口，而且根据联合国预测，在年均增长约7900万的情况下，到2043年，世界人口将会突破90亿大关。据估计，到2050年时，占世界人口的三分之二，即60亿左右的人口将居住在城市。随着一大批新兴国家的崛起，新一波城市化浪潮也已逐渐兴起。据麦肯锡全球研究所发布的研究报告显示，“城市经济甚至远比表面上要更集中，仅仅占据全球人口五分之一的六百个中心城市就创造了全球GDP的百分之六十”。

从国际政治经济治理的层面来看，城市的政治意愿、行动和城市外交活动将主宰未来数十年的世界议程；与过去时间里的民族国家占据主导地位相比，21世纪的城市将很可能以更为深入和变革性的方式参与到全球治理的进程之中。曾担任联合国副秘书长的马克·马洛赫-布朗指出：“全球化很可能成为21世纪最为地区化的事务。”在其著作《未完成的全球革命》（2011）中，他认为全球治理只有在各国各级政府都接受和参与的情况下才能得以实现。

在此背景下，城市参与全球治理的城市外交活动越发频繁。城市参与全球治理的优势在于其功能与聚集的广泛资源。城市所具有的政治功能决定了其资源动员和号召能力；城市作为本地区、本国甚至全球经济系统的重要节点，能够充分利用其生产能力来实现其治理能力；城市的社会文化功能对于舆论塑造、公民社会的孕育与发展有着至关重要的作用。

而从国家层面上来看，在全球化和城市化的浪潮推动之下，城市之间的竞争在21世纪将成为国家间竞争的重要方式。当代国家间交往的政治活动、商业、资本、货物和人文交流几乎都汇聚于城市，即便不是直接发生在城市，城市也为这些活动提供交通、通信等支持。

更为重要的是，城市还是人类文明的结晶。如著名城市学家路易斯·芒福德说：“城市的基本功能在于流传文化和教育人民。如果说在过去许多世代里，一些名都大邑，如巴比伦、雅典、巴格达、北京、巴黎和伦敦，都曾经成功地主导过它们各自国家民族的历史的话，那首先是因为这些大都城都始终成功地代表各自的民族历史文化，并将其绝大部分流传给后世。”①2014年5月15日，习近平主席在中国国际友好大会暨中国人民对外友好协会成立60周年纪念活动的讲话中指出，要大力加强文明交流互鉴，习主席将城市外交与民间外交、公共外交并举，提出要大力开展中国国际友好城市工

① ［美］刘易斯·芒福德：《城市发展史——起源、演变和前景》（宋俊岭、倪文彦译），北京：中国建筑工业出版社2005年版，第12页。

作，促进中外地方政府交流，推动实现资源共享、优势互补、合作共赢。

开始于20世纪80年代的第二轮全球化浪潮，也即当代正在进行着的全球化正以前所未有的广度和深度影响着世界政治、经济和社会的方方面面。在这一轮全球化中，传统的国际分工格局被打破，跨国公司在全球经济贸易活动中的作用大大增加，促成世界生产体系中新的结构性力量的崛起。相比于第一次全球化，国家作为独立的经济单元的重要性下降，而城市作为经济单元的重要性迅速上升。

对这一新现象的分析，我国学者周振华认为：[①]一是全球化推动贸易自由化进程，使民族国家干预本国经济的能力受到一定限制，在贸易自由化进程中，形成了各种类型的跨国界协调机构，传统的以国家为中心的空间关系假设在解释当代国际贸易中越来越不重要。二是随着国际投资规模的迅速扩大及其方式多样化，跨国并购已日益成为其全球扩张的主要方式，全球性的跨国大企业的资源配置方式超越了国家疆界，更多地依托于世界各大城市进行向全球扩散。跨国公司的国际生产和服务的控制与管理主要集中于某些大城市，并以此为节点形成全球生产与服务网络体系。三是出现了金融大规模的全球流动，世界金融中心聚集于几个全球城市。

不仅仅是在经济领域，在人文交流方面，全球化也加快了世界范围内的人文交流，促进了全球文化多样性的发展。信息传播业突破了国家边界的限制。在全球化力量的驱动下，塑造各国经济的

① 周振华：《崛起中的全球城市——理论框架及中国模式研究》，上海：上海人民出版社2008年版，第42—44页。

“国家”要素较以前有所下降，而城市的重要性越来越凸显。意大利未来学学者里卡多·彼得拉估计说：“权力将落入在世界范围内进行活动的商人与各城市政府之间所缔结的联盟手中。这种城市政府首先将促进它所包含的全球公司的竞争能力。”[①]在公共政策领域，世界各国的决策权都出现了重心下移的趋势，大量决策权和公共财政支出从中央政府转移到城市地方政府。城市地方政府的决策范围扩大，相当部分的公共支出和城市发展政策的决策权已经交给城市；城市地方政府可利用的政策杠杆和财政杠杆增多。在地方税收、土地政策等方面，城市地方政府比过去有了更大的决定权；由城市地方政府主导的城市贸易额大幅度的上升，对外贸易权也由中央下放到地方、民间公司；对城市未来发展方向的控制权已基本掌握在城市地方政府手中，中央的干预大幅度减少。[②]

发挥影响的不仅是大城市，成千上万的小城市也因为全球化时代的相互联系而表现出新的特点。杰布·布鲁格布在《城变：城市如何改变世界》一书中写道，地方事务不再只是地方的。持续不断的城市建设，尤其是过去半个世纪里的建设，已经创造出一个互联的全球性城市体系；在此过程中，我们一直改变全球的经济、政治和生态，这种改变至今依然令人费解。个别城市的演化影响到全球城市体系——也就是我们所说的“地球城”，这从根本上改变了“地方”与“全球”事务的联系。通过“地球城”，地方上，甚至只是一个小镇的状况或事件，都能放大为全球性事件，并加速全球

---

① 引自［德］汉斯-彼得·马丁、哈拉尔特·舒曼《全球化陷阱》（张世鹏等译），北京：中央编译出版社 1998 年版，第 28 页。

② 于涛方、顾朝林、涂英时：《新时期的城市和城市竞争力》，《城市规划汇刊》2001 年第 4 期。

趋势，这往往是国家、企业或国际组织无法驾驭的。最为重要的是，全球化建立在世界不断增长的城市的基础结构之上，并因这些城市特定的设计、价值观和程序的不同而有所不同，这些城市在新兴的全球城市体系中以无数种未知的方式进行互动。[①]

（三）世界城市与全球都市圈

世界城市（World City），又称全球城市，是一个描述全球顶级城市的概念。在全球化的推动下，世界各国的城市形态、功能都发生着转变。在20世纪后半期，西方发达国家涌现出了一批“全球/世界城市”，如纽约、伦敦和东京等，后来伴随着东亚经济腾飞，新加坡和中国香港也跻身于全球城市行列。

全球城市不仅集聚了大量的人口而且发展迅速，是各类国际组织、贸易机构、跨国公司和研究机构的聚集地，成为国际贸易、金融、交通和政治中心。根据资本积累、空间形成、聚集规模、国家与城市间互相促进的作用与角色来看，全球出现了三大城市集群，即以伦敦、巴黎为首的欧洲集群，以纽约、洛杉矶为首的北美集群，以东京为首的亚洲集群，在各自的集群中，又存在一系列不同层次的国际性都市。[②]

美国著名学者萨森指出，全球城市的基本特征可以概括为四点：（1）全球城市是高度集中化的世界经济控制中心；（2）全球城

① ［加］杰布·布鲁格曼：《城变：城市如何改变世界》（董云峰译），北京：中国人民大学出版社2011年版，第5—8页。

② 参见吴松林《全球化下的城市竞争策略》，台湾《研考双月刊》2006年第30卷第5期，第5页。

市是金融和特殊服务业的主要所在地；（3）全球城市是包括创新生产在内的主导产业的生产场所；（4）全球城市是产品和创新的市场。[①]

进入 20 世纪 90 年代以后，全球化进程全面加速，世界城市化也进入新的阶段。大的中心城市引领经济发展的前沿，发达国家处于再城市化和城市复兴阶段，发展中国家则进入更快速、更全面的城市化阶段，以金砖集团为代表的新兴国家崛起也带动了这些国家的城市化进程。国家与国家之间的竞争越来越表现为城市间，尤其是国际大都市间的竞争。[②]在全球竞争日益激烈的环境下，传统意义上单一的城市中心已经不能满足竞争的需要。

为了应对全球化带来的竞争挑战，世界各国的城市纷纷采取了整合区域战略，充分利用城市及周边地区的资源互补，以融合和联合的方式集群式发展。“依托中心城市构建都市圈的合理空间布局是当今世界城市发展进程中的一大趋势。”按照法国地理学家戈特曼的权威定义，都市圈是“以一个或几个超级城市为核心，组成人口规模逾千万、政治经济影响力举足轻重的庞然大物”。[③]

在此背景下，世界各国的城市变得越来越大，一些城镇化水平较高的地区，若干个不同等级规模的城市，依托一定的自然资源和交通运输条件，加强联合，形成了城市群。城市群发展到成熟阶段，就出现了以特大城市为核心，周边城市共同参与分工合作，逐渐融

---

① Sakia Sassen, *Cities in a world economy*（London：PineForge Press，1994）.

② 参见金元浦主编《北京：走向世界城市，北京建设世界城市发展战略研究》，北京：北京科学技术出版社 2010 年版，第 30 页。

③ 金元浦主编：《北京：走向世界城市，北京建设世界城市发展战略研究》，北京：北京科学技术出版社 2010 年版，第 36 页。

合，最终形成了都市圈。全球都市圈是全球地区节点，它们为全球化提供了动力，但是在处理全球化的影响和采取应对策略时，这些节点的地方特色和动力机制也在经历着转型。20世纪，世界范围内相继形成了纽约都市圈、北美五大湖都市圈、伦敦都市圈、巴黎都市圈和东京都市圈五大都市圈。这些都市圈在各国及世界经济发展中都起着龙头老大作用，具有强大的辐射能力和带动作用。①

正如萨森教授所认为，尽管伦敦、纽约和东京拥有不同的城市历史和文化，但经历着相同的发展趋势，是在全球经济中处于前三位的控制中心。② 全球/世界城市同时也是世界上最大的都市圈，这说明了大都市圈是全球/世界城市的标准形态。整合城市资源，推动实施城市外交，促进城市之间的互联互通，建设全球/世界城市或以特大城市带动经济发展成为世界主要国家应对全球化竞争的重要战略。

二、全球治理视角下的城市外交

在全球化的推动下，世界各国的城市日益积极地参与到了国际事务当中，成为国际关系中新的参与者和竞争者，尤其值得注意的是城市更多参与到了全球治理的进程中。

---

① 《聚焦全球五大都市圈》，《人民日报》2014年5月19日，第17版。

② 曾宪植：《世界城市与全球城市区域——北京世界城市的区域经济合作》，北京：知识产权出版社2012年版，第9页。

（一）城市外交的缘起与发展

在西方外交制度和实践演变的历史上，城市曾在外交舞台上了扮演了极为重要的角色。早在公元前 600 年前后，在古希腊地区形成了 200 多个以城市为中心的城邦国家。这些城邦相互交往以图发展，相互结盟以御外敌，外交活动非常频繁。[①]在这一时期，实施城市外交的主体不是现代意义上的主权国家或其授权的官方代表，而是古代希腊的城邦制国家。在中世纪，随着地中海地区贸易日益发展，意大利许多城市共和国纷纷向外派出常驻使节。第一个有记录可查的是米兰公爵在 1455 年派往热那亚的常驻使节，16 世纪初，威尼斯城市共和国在伦敦、维也纳、巴黎、马德里、罗马都派遣了常驻代表。[②]在这一阶段，城市派驻使节的职能较为单一，常常以维护自身商业和贸易利益为目的；派驻区域有限，仅仅局限于西欧一隅。而围绕常驻使节的相关制度尚未建立。

在威斯特伐利亚体系建立之后，主权国家作为外交的核心甚至唯一行为体的地位不断得到巩固和加强。城市在国家外交活动中发挥的作用趋于边缘化。但在第一次世界大战结束后，在英国的约克郡凯里市官员访问法国的普瓦捷市期间，目睹战争带来的巨大灾难和遗留下的遍地废墟，英国人提出双方结成友好城市，并协助普瓦捷市重建。以此为契机，以友好城市为代表形式的城市外交活动开始为国家外交关系的发展发挥作用。二战结束后，在瑞士圣山举行

① 鲁毅等：《外交学概论》，北京：世界知识出版社 2004 年版，第 22 页。

② 同上，第 29 页。

的法德市长特别会议上，德国主动提出双方在城市间建立一种稳定的友好交流关系，并将此确定为一种普遍的、有组织的国际交往活动。德国希望通过结成友好城市来改变作为战争发源地的恶劣形象。通过建立友好城市，对于化解二战期间欧洲敌对国家及人民的仇恨，尤其是对有世仇的法德两国间的和解发挥了至关重要的作用。而这种组织形式要早于法德之间在经济关系上建立的煤钢联营，甚至有人认为，友城关系的建立对于今天的欧洲联盟起了某种奠基的作用。[①]随后这一形式在全欧洲得到普及，北美和亚洲国家也开始推动友好城市建设。在我国，友好城市被官方称为是民间外交的一种重要形式。近年来，以友城为主要表现形式的城市外交活动得到官方和学界越来越多的关注。国际友好城市活动已经从双边合作发展到多边合作，在地方与城市联合组织中发挥着日益强大的国际影响力。[②]

进入21世纪以来，全球化在各个领域的急速扩展与以互联网为代表的信息技术的普及化，使得各国各地区间的物理距离大大缩短，世界俨然成为一个地球村。任何国际关系行为体都难以在关系全球命运的重大问题和挑战前独善其身，国内政治国际化和国际政治国内化趋势不断加强。党的十八大报告指出，世界多极化、经济全球化、社会信息化和文化多样化是当代世界的主要发展趋势，促进地方政府和人民之间的交流，有助于夯实国家外交的社会基础。[③]

---

① 《五环连友城——国际友好城市的起源》，新浪网，http：//video. sina. com. cn/dv/2006-08-09/011021998. html，2014年3月12日。

② 陈昊苏：《在2010中国国际友好城市大会闭幕式上的讲话》，http：//www. chinanews. com/gn/2010/09-10/2526359. shtml，2014年3月14日。

③ 《中国共产党第十八次全国代表大会报告》，http：//www. xj. xinhuanet. com/2012-11/19/c_113722546. htm，2014年3月14日。

在此背景下，汇集全球多数人口、资金、技术、人才等关键性资源的城市越来越多地参与到了国际事务当中。在此过程中，出现了两大重要趋势：第一，城市通过国际合作和国际协调积极参与应对气候变暖、跨国移民、跨国犯罪、流行病等非传统威胁，在全球治理进程中开辟了新的轨道；第二，城市间的国际合作日趋常态化、机制化，最具有代表性的是2004年成立的世界城市和地方政府联合组织（UCLG）。

（二）城市外交的概念

传统而言，外交是以主权国家为主体，通过正式代表国家的机构与人员的官方行为，使用交涉、谈判和其他和平方式对外行使主权，以处理国家关系和参与国际事务，是一国维护本国利益及实施其对外政策的重要手段。①今天，全球化和信息化使得主权存在的时空正在发生变化，传统外交所定义的概念、功能和机制必将随之变化，特别是外交实施的方式正在发生重大变革。②以城市为代表的非国家行为体以日益积极和开放的姿态参与到了国际事务当中，成为国际体系的重要参与者和竞争者。城市作为主体参与外交活动日益频繁，城市外交作为一个学术概念在国内外学界受到了越来越多的关注。

“城市外交（City Diplomacy）”一词最早是在全球在地论坛2003年发布的一份关于“全球化”的报告中出现的。“全球在地

---

① 鲁毅等：《外交学概论》，北京：世界知识出版社2005年版，第5页。

② 朱立群：《城市外交——中国城市外交的理论与实践·序言》（刘保春主编），广州市外事办，第1页。

化”是指在技术、信息和经济全球化与地方实现之间存在密切的链接，城市就是一种自下而上的全球治理体系枢纽，是全球在地化的外交工具。[①]荷兰学者普洛姆（Pluijm）和梅利森（Melissen）将城市外交定义为：城市外交是城市或地方政府为了代表城市或地区和代表该地区的利益，在国际政治舞台上发展与其他行为体的关系的制度和过程。[②]在此定义下，着重强调了城市外交在安全、发展、经济、文化、城市网络、代表权等六个方面将大有作为。这一定义被西方学术界广泛接受。此外，世界城市与地方政府联合组织下属的城市外交、和平构建和人权委员会从安全维度定义了城市外交：地方政府（城市）或地方政府（城市）联盟通过增强社会凝聚力、预防冲突、解决冲突和开展冲突后重建，为市民营造一个和平、民主和繁荣的稳定环境。[③]而欧洲理事会地方与地区机构代表大会更是将城市外交定义牢牢地限定在安全领域，认为城市外交是处于冲突地区的城市当局获得来自冲突区域外一个或多个城市当局支持的活动。[④]

在国内，学界和官方在吸收引进国外研究成果的基础上，结合中国城市外交具体实践进行了积极的探索。在2008年召开的中国国

---

① Global Forum, *Globalization: Research Study and Policy Recommendations*, (Rome: CERFE/Glocal Forum/Think Tank on Globalization, 2003). 转引自赵可金《北京世界城市战略中的城市外交》，载于《城市外交——中国城市外交的理论与实践》（刘保春主编），广州市外事办，第96页。

② Roger van der Pluijm and Jan Melissen, *City Diplomacy: the Expanding Role of Cities in International Politics* (The Hague: Netherlands Institute of International Relations, 2007), p. 11.

③ Alexandra Sizoo and Arne Musch, "City Diplomacy-the Role of Local Governments in Conflict Prevention, Peace-building and Post-conflict Reconstruction," *City Diplomacy- the Role of Local Governments in Conflict Prevention, Peace-Building and Post-conflict Reconstruction*, ed. Arne Musch (The Hague: Deltahage, 2008), p. 10.

④ Ibid., p. 10.

际友好城市大会开幕式的致辞当中，时任中国人民对外友好协会会长陈昊苏指出，城市外交是国家总体外交的重要组成部分，城市外交是一种半官方外交，相对于纯民间外交而言，它带有官方色彩；而对于由中央政府推行的官方外交而言，它又带有接近民间的非官方色。①陈昊苏强调城市外交服从国家总体外交的特点以及服务地方的功能。复旦大学陈志敏教授提出了“地方外交”的概念，强调城市外交的地方性特点，将地方政府在中央政策指导下所从事的对外交往活动视为中国外交的重要组成部分。②

熊炜、王婕认为城市外交是指城市配合国家总体外交，在中央政府的授权下和指导下参与国际交往的活动。强调了城市外交主体多元，途径多样，与国家外交多样统一。③而清华大学赵可金教授更加强调“城市”和“外交”的双重特性，将城市外交定义为：在中央政府的授权和指导下，某一具有合法身份和代表能力的城市当局及其附属机构，为执行一国内外政策和谋求城市安全、繁荣和价值等利益，其他与其他国家的官方和非官方机构围绕非主权事务所展开的制度化的沟通活动。④

本文认为，城市外交是当代外交的一种新方式，指在不违背国家总体外交和国家整体利益的前提下，在国家法律以及中央政府授权范围内，以城市政府为主体开展的旨在促进城市国际交往，维护

① 陈昊苏：《在中国国际友好城市大会开幕式上的讲话》，http：//world. people. com. cn/GB/57507/8311402. html，2014 年 3 月 5 日。

② 陈志敏：《中国的地方外交》，《国际观察》2010 年第 1 期，第 18—19 页。

③ 熊炜、王婕：《城市外交：理论争辩与实践特点》，《公共外交》2013 年春季号，第 14 页。

④ 赵可金：《北京世界城市战略中的城市外交》，《城市外交——中国城市外交的理论与实践》（刘保春主编），广州市外事办，第 97 页。

和扩大城市利益，促进国家总体外交执行的城市国际交往活动。

（三）城市外交的性质与特点

1. 城市外交的性质

城市外交、公共外交与民间外交等概念的流行，反映出了全球化条件下非官方性质的外交方式的兴起，但与公共外交和民间外交等相比，城市外交又具有一定独特性，它是城市作为行为体参与外交的一种新型外交方式。辨析城市外交的性质首先需明确城市参与的外交活动的性质，其次应明确城市政府作为次国家行为体参与国家总体外交活动的特性。有鉴于此，本节内容将在上述两个维度上探讨城市外交的性质问题，即：官方外交与民间外交的关系；中央与地方的关系。

（1）官方外交与民间外交关系维度中的城市外交

习惯上，我国外交界和学术界认为城市外交属于民间外交的范畴，但由于城市外交的推动者往往是城市的官方政府代表，所以它在很多情况下又具有“半官方外交”的特点。就官方外交与民间外交的关系而言，虽然官方外交是外交的主要方式，但“国之交”在于“民相亲”，官方外交的实施和开展又离不开各国人民之间的交往。

对此，周恩来总理曾指出：“外交是国家和国家间的关系，还是人民和人民间的关系？外交工作是以国家为对象，还是以人民为对象？就外交工作来说，则是以国家和国家的关系为对象的。外交是通过国家和国家的关系这个形式来进行的，但落脚点还是在影响和争取人民，这是辩证的。这一点要搞清楚。”周恩来还曾将新中国的外交归纳为：中国的外交是官方、半官方和民间三者结合起来的外交。1966 年 2 月，他在论述党、国家、人民三者在国际活动中的关系时又明确指出：“我们的国际活动和对外工作有党、国家和人民三个方面，政府外交工作是代表国家的，外贸、外文、外经等等都是如此。这三个方面，党的对外国际活动，用政府名义的对外活动，用人民的民间的名义对外活动，它既有区别又有结合。在我看来，结合是主要的。”

由此可见，新中国的官方外交和民间外交之间的关系是辩证统一的，两者之间相互促进。正如中国人民对外友好协会李小林会长在 2009 年的一次讲话中所提出：“我们所开展的民间外交，并不是中国民众与国外民众普通的往来，而是在各级政府的组织和支持下，由特定的机构和人士以民间形式出现，有针对性地与国外组织和个人开展合作。通过这些交流合作，使国外的组织和个人了解中国、热爱中国，进而借重这些组织和个人在本国的影响力，逐步在该国形成对华友好的积极气氛和舆论环境，推动该国对华关系的发展深化。民间外交可以以更直接、更具亲和力的形式做好外国公众和主流社会人士的友好工作，可以更有效地展示本国的文化吸引力和政治影响力，改善国际舆论环境，维护国家利益。”

显然，相对于由中央政府所实施的传统官方外交而言，城市外交本质上属于民间外交的范畴，但作为一种民间外交方式，城市外交往往又是由城市管理者和领导者所推动的，又因此具有一定的官方特性，它事实上联结了官方外交和民间外交。陈昊苏曾提出：

“城市外交在总体外交的各个组成部分中占有独特的位置。它是一种半官方外交，相对于纯民间外交而言，它带有官方色彩；而相对于由中央政府推行的官方外交而言，它又带有接近民间的非官方色彩。”曾任中国国际友好城市联合会副会长的刘庚寅认为，友好城市关系是以地方政府之间的交往为主，同时带动两地政治、经济、社会和文化的交往。实际上，它具有官方和民间的双重特性，较官方外交更有灵活性，较民间外交更有专业性。[①]应该说，这些针对城市外交的论述是准确地反映出城市外交的特性的，即城市外交处于官方外交和民间外交的结合部，具有双重特性。

（2）央地关系维度中的城市外交

从央地关系的维度来看，城市外交是国家总体外交的组成部分，城市外交的目标是既要维护地方利益，又要实现国家利益，其实质是国家利益与地方利益二者之间利益均衡问题。而这种利益均衡的表现形式主要有两种：一是国家结构问题，即权力结构问题；二是中央与地方的权限划分问题，即权力分配问题。[②]

在学术界，有关央地关系实质的探讨不计其数，主要分为三种观点：

一种观点认为央地关系是一种利益格局关系。中央代表国家整体利益和社会普遍利益，地方代表国家局部利益和地方特殊利益。央地关系的实质就是整体利益和局部利益，普遍利益和特殊利益的关系。另一种观点认为央地关系是一种权利义务关系。“中央与地

① 刘庚寅：《为了友谊和和平——民间外交亲历记》，北京：世界知识出版社2006年版，第21页。

② 金太军等：《中央与地方政府关系构建与调谐》，广州：广东人民出版社2005年版，第162页。

方关系，是指具有隶属关系的行政主体在行使国家的最高权力和地方权力时各自依法享有的权利义务关系。”①

但是，多数学者都从中央与地方权力分配的角度进行阐述。“中央与地方关系的实质就是中央与地方的分权关系。”② 结合国家结构形式的定义，央地关系可以理解为权力在国家机构体系内的纵向分配关系。“认识央地关系的问题，最为核心的就是厘清并承认中央与地方的各自利益。”③ 如在法律基础上，事权与财权在中央与地方的划分问题以及在此基础上带来的利益分配问题。就中国的实践而言，改革开放后，中央政府职能的转变和权力下放以及地方政府在事权和财权上的扩张，改变了地方政府在整个国家权力结构中的地位和角色。“地方政府已经由单纯的中央政府代理人性质的政策接受者和执行者，转化为具有实际的相对独立性的行为主体”④。这一相对独立身份的获得具有重要的意义。它不仅为包括城市政府在内的地方政府登上国际舞台赢得了合法性基础，并使地方政府获得了物质保障和激励机制，在国际交往中实现自身利益的最大化。

改革开放以来，中央在经济社会领域的分权外溢到外交领域。苏长和教授认为，可以从横纵两个方面来考察对外关系领域的分权。从横向来看，外交的职能性权力（事权）在中央政府不同部门

① 杨春堂、崔向宁：《论我国中央与地方关系的改革》，《政治学研究》1989 年第 5 期，第 23 页。

② 熊文钊：《大国地方：中国中央与地方关系宪政研究》，北京：北京大学出版社 2005 年版，第 1 页。

③ 苗连营、王圭宇：《地方“人格化”、财政分权与央地关系》，《河南社会科学》2009 年第 2 期，第 66 页。

④ 喻锋：《地方政府上行政治参与：欧洲经验及其对中国的启示》，《武汉大学学报（哲学社会科学版）》，2011 年第 4 期，第 114 页。

中分享。这也可以理解为我国外事管理体系的"归口管理"原则，即"按照分工协作的原则，把外事口分为几个大的系统，然后再由各系统的党委统一管理"①。从纵向来看，可以理解为外事管理体系的"分级负责"原则。除了在一些经济、社会、科技、文化等领域赋予地方政府更多参与对外交往的权力，香港、澳门这两个特别行政区具有独有的、高度自主的参与国际活动的权力。《香港特别行政区基本法》和《澳门特别行政区基本法》规定了港澳所享有的自行处理对外事务的权力。这些权力包括：参与外交谈判、国际会议、国际组织的权力；签订国际协议的权力；在国外设立官方、半官方机构的权力以及签发特区护照和旅行证的权力。"权力的转移为次国家政府（地方政府）更多地参与国际合作奠定了合法性基础，政策的支持为次国家政府（地方政府）参与国际事务提供了保证。"②

总的来看，城市外交是联结三种重要关系的桥梁，这三种关系分别是：城市外交与世界的关系；城市外交与国家的关系；城市外交与人民的关系。

第一，城市外交与世界的关系。21世纪是城市的世纪，推动21世纪人类文明、经济和社会发展的动力毫无疑问地来自城市。国家间交往的政治活动、商业、资本、货物和人文交流几乎都汇聚于城市，即便不是直接发生在城市，城市也为这些活动提供交通、通信等支持。从这种意义上来说，城市外交本身就是世界政治经济结构与进程的核心组成部分。

---

① 王福春主编：《外事管理学概论》，北京：北京大学出版社2003年版，第116页。

② 刘雪莲、江长新：《次国家政府参与国际合作的特点与方式》，《社会科学战线》2010年第10期，第163页。

第二，城市外交与国家的关系。城市是几乎所有国家的外交决策中心所在地。且不说城市作为外交行为体参与外交，仅因为一国首都是其外交精英、高端舆论和思想的聚集地，城市、特别是首都城市的知识生产能力和智力支撑是国家外交决策的重要基础。而且，放眼全球，世界各国的中心城市无不是其国家文化与文明的符号与象征，城市外交本身不仅是跨国界、跨时空和跨文明的交流互鉴活动，而且同时也彰显民族文化自觉。从国家软实力竞争的角度来看，城市越来越成为国家文化战略的重要支撑点甚至是基本载体。

第三，城市外交与人民的关系。从世界外交史的发展趋势看，18—19 世纪是王朝外交时代，20 世纪是国家外交的时代，而 21 世纪则是人民外交的时代。据联合国预测，截至 2050 年，占世界人口的三分之二，即 60 亿左右的人口将居住在城市。与传统外交形式相比，城市外交亦官亦民，在全球化时代能够更好地实现“外交为民”。

2. 城市外交的特点

结合中国城市外交的实践，我国学术界近年来对于城市外交的特点问题进行了很多有益的探讨。在我国学者中，复旦大学的陈志敏教授最早涉足该领域，他在其著作《次国家政府与对外事务》中，分析了次国家政府国际行为的特点，陈志敏认为：“次国家政府在每个国家中央政府所限定的范围内开展国际活动，确定国际活动的目标和手段；它们业已具备了一定的国际行为能力；其活动对本地国际利益的实现日益重要，并对一国外交和国际关系产生了可见的影响。”[①]次国家行为体具有非主权性、政府性、地方性和中介性四个特点。次国家政府是非主权型国际行为体，这决定了次国家政府的国际行为具有从属性和补充性的性质。次国家政府的国际行为具有政府性，表明它和其他非政府组织的国际行为有着区别。其行为的地方性是指次国家政府尽管担负着中央委托的对外任务，服务本地的国际利益仍是次国家政府国际行为的主要动因。次国家政府行为的中介性则是指它负责将本地社会经济行为者的要求传达给中央政府。[②]

与其类似，山东大学的王立军博士则围绕着我国地方政府的国际合作问题进行了研究，他指出地方政府的国际交往主要具有非主权性、从属性和议题受限性的特点。不论是在单一制国家还是在联邦制国家，地方政府国际合作行为总是在中央政府的授权范围内进行的，或者得到了中央政府的许可，或者得到了中央政府的默认。地方政府国际合作的议题领域、合作方式、活动目标都要服从、服务于国家总体利益。地方政府国际合作行为基本不涉及国家主权范围内的事项，只能就经济贸易、环境保护、社会管理、资源开发利用、医疗卫生等议题领域的事项开展合作交流，而不能涉及军事合作、安全合作、政治体制等涉及国家主权范围内的事项。[③]

杨勇博士以广州的城市外交为例，探讨了全球化时代的城市外交问题。他认为，城市外交具有四个特点：“一是宪政意义上的非主权性；二是战略上的补充性，即地方政府的对外交往起着补充中央外交的有益作用。地方政府可以通过建立各种形式的沟通、协商

① 陈志敏：《次国家政府与对外事务》，北京：长征出版社2001年版，第10页。

② 同上。

③ 王立军：《全球化背景下的中国地方政府国际合作》，山东大学博士论文，2012年。

渠道，参与到国家对外政策的制定过程中，将地方利益在中央外交中得到体现；反过来，中央在国家整体利益的前提下，充分考虑地方利益，统筹规划，使中央的意愿也融入地方的对外交往之中，从而保证地方个别利益和国家整体利益之间的和谐。这样，地方利益和国家利益一致，可以避免中央地方间“零和关系”的发生；三是权力的有限性；四是行为上的中介性；五是职能上的社会性。”①

以上是我国学者从理论上对城市外交的特点所做的归纳与总结，在实践中，我国的城市外交还表现出一些鲜明的特点：

一是城市外交与国家总体外交之间是多样性的统一。虽说从严格的权力分配的角度来看，城市外交反映出当代外交权力纵向垂直分散的趋势，但在另一方面，城市外交却以地域文化特征、经济驱动性和方式灵活等特点有力地补充了国家外交。因此，成功的总体外交战略应是非常好地整合了城市外交与国家外交的全方位、多层次外交。如北京奥运会和上海世博会的成功举办不仅提升了北京、上海两座城市的城市形象和总体实力，也改善了中国在国际社会的形象，提升了中国的国际地位。

二是城市外交基本能够实现传统外交的主要功能。按照布尔对外交功能的论述，传统外交的基本功能包括国家间促进关系、增加交流、谈判协商、收集信息、解决冲突、代表等。而在一定意义上，城市外交也完全具有类似的功能，甚至从事城市外交的官员同国家的外交官在工作方式和内容上也有很多相似性，其最大的差别仅在于是否获得国家的授权以及享有外交人员的特权与豁免。

---

① 杨勇：《全球化时代的中国城市外交——以广州为个案的研究》，暨南大学博士论文，2007 年，第 38—49 页。

三是城市外交富有开拓性，能够在一些试验性领域和敏感问题上有所作为。城市外交活动主要集中于文化、经济和城市治理等领域，议题灵活，形式多样，常常能够在总体外交的统一部署下以其官民并重的形式在新领域或敏感问题的解决上有所开拓。

（四）全球化、全球治理与城市外交

全球化是一把双刃剑，一方面为全球发展带来了巨大契机，另一方面却引起了诸多全球性问题。传统上以主权国家为主体开展的全球治理面临许多制约因素，而集城市与地方政府、非政府组织和跨国公司等多元化主体参与的全球治理方式成为大势所趋。城市参与全球治理是城市外交的一种新形式。

1. 全球化的起源与概念

对于全球化的起源学界仍存在争议。一种观点认为，从1492年哥伦布发现新大陆开始，就开启了全球化的伟大进程，因为地理大发现时代的航海与殖民行动将尚处于相互隔绝的世界各大洲逐渐联系起来，并在工业化的铁蹄之下将世界纳入到整个资本主义的体系当中。目前研究全球化的学者都倾向于这种看法。但是持有异议的学者认为，全球化的真正起源应该追溯到20世纪中叶，即第二次世界大战之后，甚至是20世纪七八十年代。只有在二战之后，才形成了真正稳定的全球体系，尽管冷战期间两极格局对立时常剑拔弩张，但整体上并未爆发大规模的世界性战争。同时，全球科技的发展将各国各地区间物理距离大大缩短，世界经济贸易体系将各个行为体紧密地联系在一起。然而，可以窥见的是，全球化绝不仅仅是地理大发现时代对未知世界的探索与发现，而更多地表现为政治、经济、文化等多维度的牵一发而动全身的紧密联系。因此，从 1492 年哥伦布发现新大陆到第二次世界大战的数百年间世界政治、经济、文化等的变化，为全面而多维度的全球化积蓄了巨大能量，是全球化的初始阶段；二战之后，在相对稳定的国际体系下，在科技、经济、文化等领域的跨国交流和合作的基础上，逐渐产生了席卷全球的全球化浪潮。

“全球化”这一概念的起源目前无从考证。在英文中，“globalization”是由“global”派生而来，后者是源于拉丁语“地球”的概念。[①]在学界，罗伯逊（R. Robertson）的观点受到了较多认可：“globalization”作为一个正式概念进入学术界并且受到关注，激起全球化理论研究的兴起，是 20 世纪 80 年代中期的事。[②]进入 90 年代之后，“全球化”成为国际政治、经济、文化学等学科的热门研究内容。在国内，对全球化的研究稍晚，但是研究较为深刻和贴近中国实际。对于全球化的定义可是说是百花齐放、百家争鸣，不同学科、不同流派根据自身侧重的领域对全球化都做了精彩纷呈的解读。在经济层面，全球化被视为世界范围内经济活动的网络化、一体化联结，以及由此产生的相互依赖；[③]也有学者引入“地球村”概念来解释全球化，及全球范围内的各种活动和信息流通不受时空

① ［俄］阿·恩·丘马科夫：《全球性问题哲学》，北京：中国人民大学出版社 1996 年版，第 98 页。

② Roland Robertson, *Globalization* (London: Sage 1992), p. 8. 转引自姜鹏《对全球化的起源、含义及其研究现状的考察》，《太平洋学报》2000 年第 1 期，第 60 页。

③ 姜鹏：《对全球化的起源、含义及其研究现状的考察》，《太平洋学报》2000 年第 1 期，第 61 页。

的限制；还有从全球性问题和挑战角度入手，认为全球化是各类全球性问题的存在及其造成的全人类的危机、责任和相互依赖；亦有学者认为全球化是全球文明整合，全球文化形成的过程。从上述来看，全球化的定义具有多维度的特点，很难单一而准确地界定全球化的概念，因为各个领域是相互渗透、相互联系的。总的而言，全球化是政治、经济、文化、军事、科技、价值观念等多领域、多层次、多维度的多元概念。

2. 全球化后果

全球化是一把双刃剑，一方面促进了全球范围内的资金、技术和人才的自由流动，提高了劳动生产率，实现了全球性的资源优化配置，促进了经济发展；另一方面，由于当前全球政治、经济体系的建立者和主导者主要是西方发达国家，因此，造成了全球化的受益者和受害者的两极分化，即西方国家成为全球化的主要受益者，发展中国家则承担了主要的负面效果。首先，全球化加剧了贫富差距。从个人来看，世界358个亿万富翁拥有的财富，相当于全球25亿人的所有财产，可与此形成强烈反差的是，在全球60亿人口中，有25亿—30亿人口（约占总人口的一半）每天生活费用不足2美元。[①]从国家差距来看，许多西方发达国家进入了后工业时代，生活质量、消费水平、受教育等指标遥遥领先，而许多发展中国家仍在贫困边缘挣扎。其次，全球性环境问题加剧。许多发达国家利用发展中国家渴望经济急速发展的心理，将高污染、高消耗产业纷纷转移到发展中国家，造成了环境污染、资源浪费。最后，全球化为资

① 刘金源：《从全球化后果看全球治理》，《探索与争鸣》2005年第2期，第22页。

本的全球流动提供了便利，也催生了投机现象和金融风险，1997 年的亚洲金融危机便是血淋淋的教训。因此，全球化背景下的主体多元化、利益多元化和问题解决议程执行复杂化对传统的以国家和国家集团为主体开展治理带来了巨大挑战。

3. 全球治理与城市外交

治理（governance）的概念在政治学上相当古老。在西方政治学理论当中，治理并不是依靠国家强力推行的制度，而是在国家、地方、社会成员等共同协调参与的基础上来应对问题的决策机制与行动过程。而全球治理的概念学界普遍认为是由詹姆斯·N. 罗西瑙率先提出。在其 1992 年出版的著作《没有政府的治理：世界政治中的秩序与变革》中，罗西瑙提出，世界正在经历一体化和碎片化，传统地以主权国家为主体的治理模式转向由多层次的治理，最为重要的是全球层面的治理。而由许多退休政治家和外交官组成的“全球治理委员会”将全球治理定义为通过社会和私人的组织形式对一系列问题采取管理措施的多种方式的综合。①在国内，学界对于全球治理的讨论业已广泛展开。其中，俞可平教授认为，所谓全球治理，指的是通过具有约束力的国际规制解决全球性的冲突、生态、人权、移民、毒品、走私、传染病等问题，以维持正常的国际政治经济秩序。②尽管对全球治理的看法尚未统一，对其定义学术界也尚有争议，但不可否认的是全球性问题对传统治理体系和方式带来了巨大挑战，以各层次行为主体积极参与为前提的全球治理实践亟待

① ［日］星野昭吉：《全球治理的结构与向度》（刘小林译），《南开大学学报（哲学社会科学版）》2011 年第 3 期，第 3 页。

② 俞可平：《全球治理引论》，《马克思主义与现实》2002 年第 1 期，第 20—32 页。

展开。

在全球治理的实践中，主权国家的地位无法被取代，与此同时，主权国家参与全球治理也面临一些局限性。一方面，全球治理是一个复杂的系统性的工作，不仅涉及多部门、跨领域协调行动，还需要以通过谈判以达成共识、签订协议、建立规制，因而许多国家因为缺乏此类机制而难以在全球治理进程中大展拳脚；另一方面，主权国家是本国主权、领土完整和国家利益的坚定捍卫者，因而在涉及国家利益的重大问题时不得不有所顾忌，因此全球治理的议程往往陷入了无休止的争论、无限期的谈判和象征多于实质的声明当中，最典型的例子莫过于国际气候谈判。鉴于此，全球治理不仅需要主权国家的参与，其他力量的加入也是不可或缺的。次国家行为体、跨国公司、新闻媒体，这些多层次、跨领域、全方位的主体参与，对于全球治理议程的推进与执行具有实质性意义。

2007 年，世界城市人口总量首次超过了农村人口，随着一大批新兴国家的崛起，新一波城市化浪潮逐渐兴起，全球城市在全球治理进程中的地位日益凸显，城市参与全球治理的城市外交活动越发频繁。城市参与全球治理的优势在于其功能与聚集的广泛资源。城市所具有的政治功能决定了其资源动员和号召能力；城市作为本地区、本国甚至全球经济系统的重要节点，能够充分利用其生产能力来实现其治理能力；城市的社会文化功能对于舆论塑造、公民社会的孕育与发展有着至关重要的作用。而城市参与全球治理的动力主要来自三个方面，即为城市争取更多利益，来自公民的要求以及理想主义的愿景。而城市参与全球治理的途径主要有：参与国际重要议程，参与解决某项重要国际问题，针对具体国际问题建立国际组织，以及直接召开国际城市会议。[①]

城市外交从传统缔结友城、增进民间友谊的初级阶段向全球治理的“高政治议题”阶段转变，是城市外交走向成熟，走出国门，维护和扩大自身利益，增强国际竞争力的必然选择。

三、城市参与全球治理的城市外交竞争策略

城市国际化之路必然伴随对自身国际竞争力提升的需求，而在跨国公司受益于经济全球化大获成功的驱使下，城市管理模式向企业化管理模式迈进成了一大趋势。在参与全球治理的实践中，国外城市体现出的一个鲜明特点是，它们均以极富企业化的特点来推进行动，提升自身的国际竞争力。

（一）城市国际化与城市国际竞争

在全球化以前所未有的深度和广度在全世界铺展开来的背景下，城市作为生产要素、信息、资源跨国流动的汇聚地发挥了节点的关键作用，因此，全球化一定意义上也带动了城市的国际化。城市的国际化一方面是全球化的必然结果，另一方面也是城市自身发展的内在需求使然。城市的国际化进程是自身向国际城市蜕变的过程。国际化城市的概念最先是用来描述罗马和巴黎，以表明其在世

---

① 熊炜、王婕：《城市外交新方式：城市参与全球治理》，《城市外交——中国城市外交的理论与实践》（刘保春主编），广州市外事办，第 75—77 页。

界范围内的影响力。而随着全球化的推进，又出现了世界城市、全球城市、国际城市等诸多概念。综合来看，国际化城市是城市达到一定发展阶段和水平的产物，表现为经济实力强大、服务功能完善、管理先进、腹地辽阔、文化氛围多元、基础设施完善以及生态环境优良。由此可见，衡量国际城市的指标应从政治、经济、文化、社会和生态五个方面入手。[①]环顾当今世界主要大都市，无不从以上几方面显示出作为国际城市的超强影响力和竞争力。

城市的国际化是城市在本国范围内的竞争优势的外溢，本质上表明城市将原本仅限于本国的竞争带入国际舞台，同时将面临从未遭遇的强有力的竞争对手和尚未涉及的陌生领域的双重挑战。从竞争的原理来看，竞争者通过各种竞争方式和手段，来达到对有限资源的掌握。城市的竞争，无非是对有限资源的争夺，与企业间竞争相似，城市间的竞争是此消彼长的关系。而企业间竞争不同的是，城市间的国际竞争除了表现为对有限资源的占取，也表现为在利益攸关的议题上的共同合作，毕竟在全球性危机的挑战下，任何城市都独木难支，更难以独善其身。但从本质上而言，通过合作增强自身实力，也是占据竞争优势的手段。

在全球化的大环境下，城市难以在传统的以行政方式为主导的管理方式下参与国际竞争。从发达国家城市的经验来看，许多城市在走向世界的过程中纷纷更新管理理念，变革管理模式，提高管理效率。如美国在 20 世纪 90 年代开展的政府再造活动，加拿大的“2000 年的公共服务”，法国的“公共服务的振兴”，等等，并在实

① 于涛等：《国际化城市解读：概念、理论与研究进展》，《规划师》2011 年第 2 期，第 27—32 页。

践中林林总总地形成了上百种“新城市管理模式”。[①]而在这些管理模式中，城市的管理企业化倾向成为一大重要趋势。以企业管理的方式来管理城市，将跨国企业的国际竞争模式应用到了城市的管理之中：一方面，城市管理引入了企业化的竞争机制；另一方面，企业模式化的城市一般拥有具有魅力的市长，积极提升自身形象，政府决策的制定和落实广泛依靠各类公私伙伴关系来完成。

城市参与全球治理，既满足了提升自身国际形象的要求，又适应了产业结构升级的需要，同时也是争取全球治理话语权和议程制定权的有效运作，这极大地满足了城市国际化进程中增强国际竞争力的需求。

（二）SWOT 分析框架

在城市参与全球治理实践中，有别于中央政府主导的外交活动，城市兼具官方和民间的特点，特别是城市所推行的城市外交策略模式逐渐向企业化模式迈进。而企业在选取经营战略时，往往在SWOT 分析模式下，对内部条件和外部环境综合考虑，开展系统评价，从而选取利于自身长远发展的最佳经营策略。全球治理议题涉及面广，影响深远，因此，城市参与全球治理需在充分认识自身条件、清楚了解外部环境的前提下，选择最优战略。

1. SWOT 分析法概念

SWOT 分析法最早是由美国旧金山大学教授海因茨·韦里克

① 郝寿义：《增强城市国际竞争力与城市治理》，《开放导报》2002 年第 9 期，第 5 页。

（Heinz Weihrich）在20世纪80年代提出。该分析模式是基于对内部条件和外部竞争环境的态势分析，也就是列举出与研究对象密切相关的主要内部优势、劣势和外部的机会和威胁等，并按照矩阵的形式排列，采用系统分析思想，将各种因素相互匹配起来加以分析，从而得出最佳结论和策略。S是指的是企业内部的优势（Strengths），W是指企业内部的劣势（Weaknesses），O是指企业外部环境的机会（Opportunities），T是指企业外部环境的威胁（Threats）。

就企业内部的竞争优势和劣势而言，一般包括企业的资金、技术、员工素质、产品、管理、市场等方面。企业内部的优势和劣势一般有两项评判标准，即单一优势、劣势与综合优势、劣势。而在评估城市参与全球治理的外交活动时，其内部优势和劣势则一般包括了城市的政治、经济、文化地位，舆论、利益集团等因素。城市的政治、经济、文化地位决定了自身所能调动资源的多寡，而舆论是否支持以及内部利益集团的亲疏也是必须予以考虑的重要因素。

企业外部的环境机会主要指对企业运营的有利因素，如国家政策扶持、技术更新、市场景气等；企业面临的外部威胁是指对企业经营不利的因素，如市场萧条、政策调整、技术落伍、强劲对手等。就城市参与全球治理的外交活动而言，其面临的机遇主要是全球治理意识和行动的不断普及化及其衍生出的巨大舆论、资金、技术、伙伴等方面的支持；而遭遇的外部威胁则一般包括与本国政府政策立场差异、跨国利益集团、国际或地区局势不稳等因素。

2. SWOT 分析的程序与框架

一般而言，进行 SWOT 分析包括以下步骤。

首先，明确目标，即发现问题、提出问题，确定研究议题。城市参与全球治理涉及议题一般包括气候变化、环境污染、跨国移民等。

其次，明确分析对象。在对城市参与全球治理的城市外交活动进行分析时，SWOT 分析的对象是构成城市内部条件和外部环境的因素。构成城市内部条件的因素主要包括政治、经济、文化、个人因素、舆论、利益集团等。构成城市外部环境主要有全球治理意识与行动开展情况、跨国利益集团、国家政策立场等。分析城市外部环境要综合考虑国内外因素及过去、现在、未来的状态。

再次，信息搜集与整理。SWOT 分析的准确性与可行性有赖于对信息的搜集与处理。在明确分析对象之后，确定信息源，通过科研院所、图书馆、数据库、媒体等途径有针对性搜集各类信息。对于城市参与全球治理的城市外交活动，可以通过数据库，国际城市组织刊物和网站等方式搜集到海量的信息。随后对搜集的信息进行加工，使之成为有序的、能够充分利用的形式。

最后，进行 SWOT 分析。第一步，构造 SWOT 矩阵，即按照各因素的重要先排列，反之，则次要排列。根据以上矩阵 SWOT 因素的排列组合，可大致判断出城市内部的优劣势以及在外部环境中存在的机会和威胁，从而为城市参与全球治理的行动制订方案、进行战略选择打下基础。第二步，根据所列出各项因素的重要性，综合考虑城市内部条件以及外部环境，做出最优的策略选择。

表 1　全球治理视角下城市外交竞争策略 SWOT 矩阵

内部条件		外部环境	
S（+）	W（-）	O（+）	T（-）
政治地位 经济实力 文化传统 个人因素	利益集团 舆论压力 内部分化	全球治理意识与行动 全球舆论 技术革新	跨国利益集团 国家政策立场差异

(三) 城市参与全球治理的竞争策略

竞争策略是城市在 SWOT 分析的基础上，全面把握了城市参与全球治理所拥有的内部优劣势和外部面临的机遇和威胁，客观地分析和界定城市在竞争中的地位后所形成的战略。根据美国著名战略管理学家迈克尔·波特的（M. E. Porter）的研究，基本竞争战略主要包括了成本领先战略、差别化战略和重点集中战略。①

成本领先战略对企业而言就是在内部加强成本控制，将研发、生产、销售、广告等环节的成本降到最低限度，从而在同行业中具有成本上的优势地位。而具体到城市参与全球治理的城市外交活动时，主要是指城市在具体议题和项目上的投入、管理以及运作的比较成本优势。比如，城市参与对欠发达地区的国际发展援助时，既能保证项目效果，又能将项目成本控制到最低的城市，更加具有竞争力。

差别化战略指企业为客户提供与众不同的产品与服务。具体到本文的议题而言，就是指城市能够在全球治理的进程中提供与众不

① 唐韬智：《SWOT 分析法与竞争战略选择》，《发现》2002 年第 10 期，第 14 页。

同的项目、概念和产品。如阿姆斯特丹在对前荷兰殖民地进行援助时，为解决跨国移民根源，着力为当地的住房、交通等基础设立建设提供了资金、技术和人力等全方位的支持，让移民追求美好生活的愿望在本国就能够予以实现。

重点集中战略是指为特定地区、特定消费群提供特殊的产品与服务。就城市参与全球治理的活动而言，指城市专注于某一议题或议题的某一方面，竭尽所能地实现预定目标。如伦敦将参与全球气候治理作为外交活动的主要议题和内容，通过全方位、多层次的措施来从地方层面推进全球气候治理议程。

四、案例分析之一：伦敦的城市外交竞争策略

伦敦是英国的首都及欧洲第一城市和最大经济金融中心，在面对国际气候谈判举步维艰的形势下，主动出击，参与全球气候治理，开创了城市参与国际气候治理的新模式。

（一）背景

国际气候谈判历经数十年，但却一直难以达成有约束性、令各方满意的协定。而英国作为气候治理的积极参与者，其国内已经形成了较为完备的气候政策框架。一内一外的两番景象，是伦敦突破传统，积极参与全球气候治理，开展以气候治理为中心的城市外交活动的重要背景。

1. 气候谈判步履维艰

气候变化是威胁人类生存与发展的严峻挑战，必须由各国共同应对。自1992年《联合国气候变化框架公约》诞生以来，各国围绕应对气候变化进行了一系列谈判，期间不同国家、不同集团展开了针锋相对的博弈。尽管这些谈判表面上是为了应对气候变暖，本质上还是各国经济利益和发展空间的角逐与斗争。事实上国家利益和全球利益的对立和冲突时常发生。因为各国在"全球利益"的名义下，追求的仍然是自己的国家利益"[①]

目前，国际气候谈判进程陷入僵局。其原因在于谈判参与方从本国利益出发，一切行动以国家利益为指针，从而导致全球责任与义务最终完全服从于错综复杂的国家利益。因此，要想各国积极参与，并展开实质性行动，必须妥善处理国内行业之间、地区之间的利益博弈，也要协调国家间的利益。然而，由于国家的主权属性，很难在重大问题上轻易做出妥协和退让，要求主权国家为"全球事业"而采取共同行动，是"前所未有""难以实现"的。[②]在此背景下，很多气候谈判的拥护者认为，国际气候谈判寻求突破必须改变"自上而下"的决策模式，转为探索"自下而上"的路径，从次国家层次的跨地区合作入手，为应对气候变化做出有实效的贡献。

---

① 刘雪莲：《理念还是现实——论全球治理中的矛盾性》，《吉林大学社会科学学报》2008年第4期，第85—90页。

② ［美］芭芭拉·沃德等：《只有一个地球》，《国外公害丛书》（中文版），长春：吉林人民出版社1997年版，第259页。

2. 英国气候变化政策演变

自 20 世纪 80 年代以来，英国坚定支持和参与国际气候变化政策的制定和完善。90 年代末期，英国出台一些包括对能源消费大户开征“气候变化税”、提高石油消费税等革新政策。进入 21 世纪，布莱尔政府出台了气候变化计划。不久之后，英国皇家环境污染委员会提出一项影响深远的报告，建议英国采取一项野心勃勃的长期计划，实现 2050 年温室气体排放比 1990 年减少 50%。此项计划随后被英国各级政府广泛接受。2007 年，英国颁布《气候变化法案》草案并于 2008 年正式生效。该法案使英国成为全球首个专门针对减少温室气体排放、应对气候变化问题，拥有法律约束力的长期构架的国家。

总的来说，在气候变化问题上，英国国内态度较为统一。三大主要政党之间并没有重大分歧，一致支持妥善应对气候变化带来的严峻挑战。此外，公众和各大利益集团也表示出了支持的态度。从各大政治参与主体的态度来看，地方和城市政府参与应对气候变化具有良好的舆论和政策环境。另外，由于国家政策注重宏观整体利益，而英国国内不同城市和地区发展水平各异，因而宏观政策的推行又可能与地方利益在某些方面产生冲突。因此，英国的城市和地方政府具有很大动机参与到气候变化的全球治理进程当中。

（二）伦敦面临的现实挑战

伦敦是大不列颠及北爱尔兰联合王国的首都及欧洲第一大城市

和最大的经济金融中心，人口约750万，GDP总量约占全英国的20%，其中近三分之一的劳动力受雇于金融业和工商业。历史上，伦敦曾饱受雾霾之苦，但英国通过立法行政等手段，有效治理了雾霾天气。

然而，伦敦的温室气体排放量依然巨大。从表2数据可以看出，仅在2006年，将航空业除外，二氧化碳排放量就占全英国总排放量的8%，加上航空业，其排放量占到了英国总排放量的11%。因此，伦敦的减排成效直接关系到英国的气候变化政策的落实。

而且，全球变暖的趋势若不能逆转的话，将导致伦敦及其周围区域的夏季更加漫长炎热，冬季更加温暖潮湿，热浪袭击、干旱天气以及海平面上升引发的水灾将更加频繁。据路透社报道，伦敦约有15%的区域被认为是全球变暖的“高危洪灾区”——这意味着125万人民、48万座房屋、441所学校、75个地铁和火车站、10所医院和一座机场都处于危险之中。此外，伦敦处于风险中的总资产估计达到1600亿英镑，不仅伦敦市和主要的金融区域将告急，而且泰晤士河口两岸正在筹建的住宅项目也会蒙受损失。[①]因此，伦敦市长约翰逊表示，伦敦将需要集中力量，努力实现二氧化碳减排目标，提高能源利用效率，防止气候变化带来的危害。作为重要的国际金融中心，气候变化既威胁到民众生命安全，又严重影响伦敦发展，削弱了伦敦的国际竞争力。从客观紧迫的现实和自身需求出发，伦敦积极参与并作为领导者带领全球主要城市应对气候变化。

---

① 路透社，http：//cn. reuters. com/article/europeNews/idCNChina-2194420080829，2014年2月3日。

(三) 策略

为应对气候变化，伦敦在过去数十年来出台了一系列政策，并采取了一揽子行之有效的措施，在地区、国家和国际三大层面积极互动，取得了骄人成就。伦敦在应对气候变化的政策中运用了加强世界城市之间合作的城市外交策略，从而在依靠传统优势的基础上增强了非传统优势，在应对气候变化国际行动中随着话语权增加而使得国际竞争力大为加强。

伦敦前市长肯·利文斯通在此过程中扮演了极为核心的作用。自其第一任期伊始，就制定了伦敦能源战略，将气候变化问题置于施政重点。他表示："作为关键的第一步，到 2010 年，伦敦将比 1990 年减少 20%的二氧化碳排放量，长期目标是 2050 年比 2000 年减少 60%的排放量。"① 为此，利文斯通采取了两大战略。首先，在"伦敦规划"（London Plan）中促进就地可再生能源发电和热电联供。其次，建立"伦敦能源伙伴关系"（London Energy Partnership），旨在为伦敦节约能源和开发可再生能源消除障碍，寻找机会。同时，在肯·利文斯通第一任期内，推动建立了另外两项合作伙伴关系：伦敦气候变化合作伙伴关系（London Climate Change Partnership）和伦敦氢合作伙伴关系（London Hydrogen Partnership）。前者主要为伦敦应对气候变化及极端天气提供专业化指导，其合作伙伴涵盖环境、金融、卫生和社会保健、住房、政府、通信、交通等领域，旨

---

① London Mayor, *Green Light to Clean Power: The Mayor's Energy Strategy* (Greater London Authority, 2004), pp. 37-46.

在共同完成项目，分享知识，开展研究，制订应对方案和政策建议。[①] 后者主要是研发新型氢技术，以减少二氧化碳排放。通过广泛建立合作伙伴关系，集中各个领域之力量，利文斯通及其同僚克服了自身能力不足，将各方都置于利益攸关的链条之上，极大地减小了其节能减排政策实施过程中的阻力。

由于第一任期中建立了广泛的民意基础，因而在第二任期中，肯·利文斯通敢于迈开步伐，实施更加野心勃勃的计划。他提出了气候行动计划（Climate Action Plan），作为其气候变化政策的战略框架，联合各方力量，甚至包括对伦敦在应对气候变化行动持怀疑态度的人。紧接着，在 2005 年，伦敦成立了气候变化署（London Climate Change Agency），具体落实行动计划。伦敦气候变化署由伦敦开发署（London Development Agency）全资拥有和控制，市长亲自主管，并得到了诸如英国石油公司、拉法基集团、毕马威、洛克菲勒兄弟基金会的支持。2007 年，伦敦再次发布了气候变化行动计划（London Climate Change Action Plan），提出新的计划，将 2025 年的二氧化碳排放量稳定在 1990 年排放水平的 60%以下。同时，若没有国家层面的行动，伦敦几乎只能完成 2025 年二氧化碳减排 60%目标的一半任务。[②]其行动计划的实施与英国政府在国家层面上的宏观政策相互配套和呼应。

然而在增强伦敦参与全球治理的国际竞争力方面，伦敦市政府采取的城市外交策略却发挥了至关重要的作用。作为应对气候变化

① The Climate Group, http: //climatelondon. org. uk/lccp/partners/, 2014 年 2 月 3 日。

② Harriet Bulkeley and Heike Schroeder, *Governing Climate Change Post-2012: The Role of Global Cities-London* (Tyndall Centre for Climate Change Research, October 2008), pp. 4-5.

的先行城市，伦敦走在了全球各大城市的前列。开展国际合作，建立国际机制和议程，以次国家行为体抱团取暖的方式影响国家决策，成为伦敦气候变化战略重要的组成部分。早在 2005 年，由时任市长的肯·利文斯通提议，伦敦发起建立了 C40 全球城市集团，确立了伦敦在全球城市应对气候变化议程中的领导地位。C40 城市集团围绕着《克林顿气候倡议》（CCI）来实行减排计划，以 CCI 来推动 C40 城市的减排行动和可持续发展。C40 城市集团的建立，为政策建议、知识和资金流动提供了便利。

1. 大城市的责任

城市作为次国家层面中重要的经济、政治和文化聚合体，其内涵已经远远超出单纯的地理学概念，已经成为全球化多层治理中的不可忽视的行为体和全球网络中的关键节点。C40 认为，全球大城市要承担更多的责任来控制温室气体的排放，因为大城市的交通、工业、建筑以及垃圾等是全球最主要的温室气体来源，并且随着越来越多的人口移居到大城市，对能源方面的消费也呈指数级上升。[①] 城市既是各方面资源的聚集中心，又是温室气体排放的最大源头。因而，C40 城市集团主要强调了大城市应对气候变化的特殊责任和关键领导作用。伦敦倡议建立 C40 城市集团既是对自身责任的履行，也同时在次国家层面建立了对气候治理议程和行动的领导地位。

2. 跨国城市气候治理网络

C40 城市集团集合了伦敦、纽约、巴黎、东京、柏林、北京等

---

① 李昕蕾、任向荣：《全球气候治理中的跨国城市气候网络》，《社会科学》2011 年第 6 期，第 37—43 页。

全球主要城市，会员遍及各大洲，在全球编制了一张气候治理网络，并在气候治理进程中逐渐建立命运共同体。而在此网络中，伦敦处于重要的节点和中心位置。

城市日常管理问题可以通过专家学者和顾问建议得以解决。而面对全球性的气候变化问题，任何一个城市都难以独立应对和解决。因此，基于知识、信息、技术、策略等内容的全球性城市气候治理网络能够有效地沟通交流，统一行动，取长补短。同时，C40以数据为基础，根据各会员城市自身实际情况，评估各个城市受到的气候变化威胁和影响，分析提出解决方案。

3. **全方位措施**

C40 城市集团拥有无与伦比的资源，利用其在全球范围内建立的网络，为全球各地的会员城市提供具有针对性的支持，并促进城市间多边或双边气候治理合作。

到目前为止，C40 城市集团在以下领域的合作卓有成效。在交通领域，C40 与全球各城市合作，帮助引进和改善快速公交系统（Bus Rapid Transit），从而引导城市市民更多地使用公共交通，改变出行习惯，减少温室气体排放。此外，C40 与迫切希望发展电动汽车的会员城市合作，帮助建立平台，分享经验和政策。在可持续发展领域，推动建立可持续发展社区，推广成功经验和政策，分享资源，建立合作伙伴关系。在固体垃圾处理领域，提倡可持续的固体垃圾处理方式，改进垃圾回收、处理、再利用程序，减少处理不当引起的环境污染和温室气体排放。在能源领域，提高建筑能源使用效率，充分利用 C40 研究成果，减少温室气体排放。据统计，建筑二氧化碳排放占到了 C40 会员城市排放量的 42%。[①]。因此，减少建筑能源使用和二氧化碳排放，对于节能减排意义重大。除此之外，城市规划，绿色增长等领域也是 C40 的工作重点。

4. 影响国家对外政策的决策

各国在气候谈判中立场毫不松动为城市展开行动提供了契机。而 C40 将各国主要城市联合起来，其中既包括中国、墨西哥、印度、巴西、南非等主要发展中国家，也涵盖了美国、英国、德国、澳大利亚等主要发达国家。尽管在国家层面的博弈中各国难以妥协，但是城市在较少束缚的情况下能够达成合作。而由于 C40 的主要会员城市都是各国各地区最重要的政治、经济或文化中心，本身具有极强的辐射带动作用，能够在国内影响到其他城市和地区。通过央地互动，进而影响到整个国家在气变领域的对外政策决策。

C40 的推动者指出，“等待国家政府毫无意义，等待国际协定毫无意义，长期而言它们更重要，但是进展太慢……当一切发生的时候都太晚了”。[②]而以伦敦为首的 C40 城市集团一方面能够为国家政府采取具体措施和落实时间表奠定基础；另一方面，这些努力也是对国家行动缺失的补充。

---

① C40，http：//www. c40. org/networks/private-sector-buildings-energy-efficiency，2014 年 2 月 3 日。

② Harriet Bulkeley and Heike Schroeder, *Governing Climate Change Post-2012: The Role of Global Cities—London* (Norwich: Tyndall Centre for Climate Change Research, October 2008), p. 7.

(四) SWOT 分析

本节尝试运用 SWOT 分析方法，探讨伦敦在参与全球气候治理行动中的优势和劣势及其所面临的机遇与挑战，分析伦敦城市外交竞争力的战略对策，以期对我国城市有一些借鉴和启示意义。

1. 优势

伦敦作为国际化大都市，其城市竞争力长期稳居全球前列。伦敦超强的竞争力主要来源于以其为中心业已形成的几大优势。

(1) 遍布全球的跨国公司网络

弗里德曼认为，世界城市的本质特征是拥有全球经济控制能力，这种控制能力主要来源于聚集其中的跨国公司总部，它既是生产和消费中心，更是信息、娱乐及其他文化产品的生产与传播中心。[①]而伦敦是世界众多著名跨国公司总部所在地，其中包括石油、保险、银行等领域的巨头，如英国石油公司、汇丰银行和渣打银行。跨国公司在全球建立的生产经营网络本身就是伦敦竞争力的外延，同时，许多跨国公司也成为伦敦开展气候治理的参与者和支持者，如英国石油公司对伦敦气候变化署的支持。

(2) 媒体网络

伦敦是西方众多主流媒体的总部所在地，包括路透社、BBC、泰晤士报等。因而，伦敦可以说是新闻和舆论的中心与汇集地。在

---

① John Friedmann, The World City Hypothesis, *Development and Change*, Vol. 17 (1986), pp. 69-83.

英国，新闻媒体具有独特性，英国人均报纸拥有量是世界上最高的。英国媒体对气候变化问题的报道大致经历了三个阶段：第一阶段主要报道的是所谓的预测，即科学家说在未来会发生什么，通过超级计算机对气候进行模型，希望国际社会对此做出应对。在第二阶段，主要是对一些真实事件进行报道，比如说欧洲 2003 年夏天的热浪，还有 2007 年 9 月北极冰的历史性融化。在第三阶段，出现了新的趋势，就是这个问题已经变得政治化了，成了各政治派别新的角力场。

气候变化问题无疑是各大媒体争相报道的重要议题，伦敦所具有的媒体资源使得在其在气候治理话语权的塑造上占了先机，从而为采取行动奠定了良好的舆论基调。

（3）国际组织网络

伦敦作为英国的政治、经济、文化中心和全球重要的金融中心，其在本国、欧洲乃至全球政治版图中都发挥着不可替代的作用。因此，许多国际组织将总部设在伦敦。其中不得不提的是气候组织（The Climate Group）。2004 年 4 月，在时任英国首相布莱尔和来自北美、欧洲和澳大利亚的 20 位商业精英和政府领袖的支持下，气候组织于伦敦成立，为全球遏制气候变化的事业带来新的推动因素。气候组织成员分为三类：城市政府成员、区域政府成员和公司成员。而伦敦作为其中一员，与全球最有影响力的工商企业和政府部门，以及对世界经济碳强度最有影响的 1000 人建立紧密的合作伙伴关系，促进低碳经济的发展，不断提升自身竞争能力。

（4）金融地位

伦敦是国际公认的全球金融中心，在世界经济中的地位举足轻重。伦敦经济总量、就业和税收约为英国的五分之一，同时是全球最大的外汇交易市场、欧洲美元市场、场外衍生品交易市场、海运和航空保险市场，在全球国际金融中心中的竞争力一直位居前两位，与纽约并列为全球最为重要的金融中心。[①]金融业在伦敦的经济中占据重要地位，气候治理意味着传统产业更加没落，而金融业的地位将得到巩固，并且衍生出新兴的碳交易市场。金融业的强势地位也保证了在参与气候治理的进程中伦敦能有效地调动金融资源。

（5）教育人才

人才是第一生产力，人才的培养有赖于教育的发展。伦敦的教育水平全球领先，建立了完善的初等、中等和高等教育体系，拥有一批享誉世界的名校，培养出众多的各行各业的人才。根据全球知名管理咨询公司科尔尼2010年最新《全球城市指数》报告，伦敦力压纽约、洛杉矶，成为全球人力资源指数排名第一的城市。

教育的兴盛，人力资源的丰富，对于伦敦的气候外交实际上起到了极大的推动作用并奠定了良好的民意基础。首先，受过良好教育的人个人素质较高，能够在日常生活中坚持节能减排的生活习惯，对于伦敦自身采取的气候变化措施和参与国际气候治理是一种天然的支持。其次，市民能够较为清楚地认识到当前全球面临着气候变暖的严峻挑战，对于气候谈判的僵局有较为清醒的认识；最后，高素质的人才本身就能参与到可持续发展进程中，促进节能减排和新能源技术的发展。

① 任安军：《伦敦国际竞争力及其面临的挑战》，《金融时报》，转引自 http：//news.hexun.com/2011-04-11/128614784.html，2014年2月18日。

2. 劣势

尽管伦敦拥有明显的优势，但是个人因素、利益集团和国际竞争力下降等因素也会阻碍伦敦贯彻和实施节能减排措施。

（1）个人因素浓重

伦敦参与全球治理的外交活动有很大程度的个人烙印。其中，前市长肯·利文斯通起到了开创性的作用。肯·利文斯通上任之初，就为伦敦制定了能源战略，设下宏伟的减排目标。同时采取一揽子措施，包括建立伙伴关系、倡议市民改变日常生活习惯、发展节能减排技术等。而在 2005 年，他大胆发起建立了 C40 城市集团，联合世界主要大城市，开展气候治理，由此奠定了伦敦在气候变化议程中的全球城市领导地位。肯·利文斯通继任者，有“自行车狂热分子”之称的鲍里斯·约翰逊基本上延续了这份热情，积极参与气候治理。

伦敦市长以个人魅力和治理能力赢得了民众对参与气候治理的支持。个人因素的推动固然重要，但是对个人的过分依赖也会产生不良后果，继任的战略调整或选举政治都会产生决定性影响。

（2）利益集团

节能减排本身涉及能源、汽车、交通、房地产等重要经济领域，因此，过于激进的措施往往会刺激利益集团，招致强烈的反对。当前，伦敦主要利益集团还是能够接受伦敦实施的各项节能减排措施，一方面可以顺应民意，另一方面可以在节能减排技术上抢得先机。然而，减少碳排放意味着增加经济负担，开发清洁能源、节能减排需要的技术开发都需要大量资金，虽然从长远来说意义重大，但在短期内则可能会对企业盈利造成负面影响。对于利益集团而言，重大利益切割将是不能接受的。

（3）国际竞争力下降

伦敦强大的国际竞争力是其开展气候治理外交的重要保证和资源支撑。但是，随着国际金融危机的爆发，伦敦金融业凸显出巨大的问题，政府进而加强监管，导致伦敦金融业的竞争力下降。

伦敦在英国的经济地位首屈一指，而金融业又是伦敦乃至英国经济的重要命脉。不足 5 平方公里的伦敦金融城金融业占了英国 GDP 的 10%左右。而金融业的萎靡可能影响伦敦气候治理行动的落实。毕竟，对于任何一任伦敦政府，发展和巩固金融业优势是优先之举。

3. 机会

全球治理的开放性与包容性，国际城市主动出击倾向的加强，以及英国国内较为积极的气候变化政策都为伦敦以 C40 城市集团为载体的全球城市气候治理行动提供了机遇。

（1）全球气候谈判的开放性与包容性

国际气候谈判进展缓慢，各国都以国家利益为中心，难以做出让步和妥协，难以达成实质性有约束力的协定。而相对于传统的外交谈判进程，全球气候谈判在主体方面展现出了开放性和多元性，除民族国家外，超国家组织、跨国运动、跨国公司、全球公民组织等，均是全球气候谈判的利益相关方。①这在客观上为城市参与全球

---

① 罗思东、陈惠云：《全球城市及其在全球治理中的主体功能》，《上海行政学院学报》2013 年 5 月第 14 卷第 3 期，第 86 页。

气候治理提供了契机。

（2）英国积极的气候变化政策

英国在应对气候变化方面历来是积极参与者。在国内，通过立法、政策、成立相关机构形成了完备的应对气候变化政策体系。

在立法领域，英国颁布了《英国气候变化国家方案》。2000 年和 2006 年，英国政府两次推出气候变化国家方案，针对电力、工业、民用、交通等不同行业制定了具体减排目标、措施及鼓励企业减排的政策。此外，英国还于 2008 年通过了《气候变化法案》，使英国成为世界上第一个以法律形式明确中长期减排目标的国家，即：与 1990 年温室气体排放水平相比，2020 年减少 34%，2050 年减少 80%。①在政策领域，英国大力鼓励开发可再生能源，发展节能减排技术；通过税收调节二氧化碳排放；并实施碳排放交易限额。在公共服务领域，成立了气候变化署、碳信托公司、节能信托基金会等，支撑服务节能减排。

英国国家政府对应对气候变化的政策是积极而坚定的。因此，伦敦采取积极的地区和国际战略，一定程度上与国家政府保持了一致，从而在极大程度上避免了央地之间的矛盾和分歧，达到双赢的效果。

（3）全球城市积极参与

目前，城市参与全球治理的主体角色得到认可，并受到重视。在全球治理的进程中，城市参与的深度、广度前所未有。而城市相互合作，组织化、网络化的趋势也在不断加强。

---

① 国家发改委应对气候变化司：《英国应对气候变化的战略与政策》，《中国投资》2011 年第 6 期，第 66 页。

世界城市和地方政府联合组织（UCLG）于2004年成立，由世界城市协会联合会、地方政府国际联盟和世界大都市协会合并组成，是目前全球最大的城市和地方政府组织，是开展城市外交，包括地方政府国际合作最有影响力的舞台，被誉为“地方政府联合国”。该组织通过建立全球地方政府之间的联系网络，增进理解、促进合作，帮助地方政府解决全球化和城市化带来的各种挑战。此外，如国际姊妹城市（Sister City International）、中东城市和平联盟（Municipal Alliance for Peace in the Middle East）和意大利地方政府和平与人权协调委员会（Italian Coordination of Local Authorities for Peace and Human Rights）在促进国际城市交流、加强国际城市合作与对话、建构和平、应对全球性挑战等方面都发挥了重要的作用。

因此，城市参与全球治理的外交活动是不可逆转的趋势，同时也是应对全球性问题重要的行为主体。

（4）国际碳交易市场潜力巨大

碳交易市场又称碳排放权交易市场，温室气体排放市场，或以碳排放权交易为实质的碳信用市场。碳交易市场的核心是碳排放权交易，是指各国政府根据对实现《京都议定书》减排承诺的前提下，对本国企业实行二氧化碳排放额度控制，同时允许其进行交易。[①]全球碳交易市场发展迅速，市场潜力巨大，根据英国新能源财务公司的估计，到2020年，全球的碳排放交易市场的规模将达到3.5万亿美元。

作为全球第一个二氧化碳排放权交易市场，英国碳排放交易机制具体有先天的优势，并拥有广阔的发展空间和巨大的市场潜力。

① 王润卓：《全球碳交易市场概况》，《节能与环保》2012年第2期，第60页。

当前，伦敦正在成为全球碳交易中心，为伦敦引领的全球城市气候治理行动带来了巨大机遇。

4. **威胁与挑战**

伦敦在参与全球气候治理的城市外交进程中，所面临的挑战是来自几方面的，既有国际同类城市的积极参与对伦敦的领导地位的影响，又有欧盟大量规则限定对伦敦金融业的限制，还有英国政府政策调整对伦敦国际竞争力的掣肘。

（1）国际城市挑战

城市参与全球气候治理已成为城市对外交往和开展国际合作的重要议程。在早期，伦敦起到了引领者和先锋的作用，但是随着全球化的日益深化和全球性气候变暖日益受到关注，城市成为最为积极的国际气候治理参与主体之一。

在认识到自身的环境脆弱性之后，世界上的很多城市开始谋求共同应对气候变暖这一跨边界弥散性问题，期望通过建立一种合作平台来分享治理经验，加强技术创新和合作以及提升城市在全球气候治理中的影响力和话语权。①一时之间，一些跨国城市气候治理组织纷纷成立，如地方环境倡议国际委员会的城市气候保护项目（ICLEI's CCP）、国际太阳能城市倡议（ISCI）、气候变化中性网络（The Climate Neutral Network）等。在此背景下，伦敦作为全球气候治理的城市领导者的地位正受到挑战。

---

① 李昕蕾、任向荣：《全球气候治理中的跨国城市气候网络》，《社会科学》2011 年第 6 期，第 37 页。

（2）欧盟的规则制约

英国作为欧盟的一员，伦敦金融区必须接受布鲁塞尔强加的大量新限定规则。这些规则不仅会给伦敦造成束缚性影响，也会对欧洲金融业造成冲击。但鉴于伦敦是金融中心，所以其所受到的束缚会更大。①

欧盟委员会日前正式推出了金融交易税，从 2014 年 1 月开始，将对德国、法国、意大利、西班牙等 11 个国家的所有金融工具的买卖进行征税。尽管英国目前拒绝加入，但是对英国而言仍是一种外在的压迫。来自欧盟的另外一项带有威胁性的提议是，处理欧元计价衍生品业务员的票据交换所必须选择在使用欧元的国家境内。一旦这项提议付诸实施，将会给巴黎及法兰克福带来益处，但会给英国带来负面影响。

（3）英国移民政策收紧

一座城市的竞争力往往是由人力资源决定的。人才自由流动和高度国际化是伦敦国际竞争力的重要支撑，来自世界各地的高素质人才为伦敦的发展奠定了坚实的人力基础。然而随着英国新移民政策的实施，伦敦的人才优势将受到削弱。英国从 2011 年 4 月开始实施的新移民政策规定，将开始大幅削减技术移民，仅在 2011 财年技术移民总量就削减了 22%，同时限制对国际留学生在英获得学位后延期签证的发放。英国内政部表示，为了缓解英国国内就业压力，企业招聘员工重点宜着眼国内，而不是国际留学生。移民政策的改变，意味着国际留学生和高技术移民将很难进入英国人才市场，人

① 《经济学人：处于千条规则束缚中的伦敦金融业》，转自腾讯财经，http：//finance.qq.com/a/20120109/006765.htm，2014 年 2 月 7 日。

才国际化势必受到较大影响。①不管是保持传统的金融领域的优势，还是参与全球气候治理，落实自身节能减排目标，高素质人才都是不可或缺的。

表 2　伦敦参与全球气候治理竞争策略 SWOT 分析矩阵

内部能力 / 外部因素	优势（Strength）	劣势（Weakness）
	a. 遍布全球的跨国公司网络 b. 媒体网络 c. 国际组织网络 d. 金融地位 e. 教育发达，人才丰富	a. 个人因素浓重 b. 利益集团 c. 国际竞争力下降
机会（opportunity）	优势机会战略（S. O）	劣势机会战略（W. O）
a. 全球治理的开放型与包容性 b. 英国积极的气候变化政策 c. 全球城市积极参与 d. 国际碳交易市场潜力巨大	积极利用伦敦遍布全球的各大网络优势，利用良好的国际国内政策环境，积极参与全球气候治理，抓住国际碳交易市场爆炸性增长的趋势，增强国际竞争力	充分利用政策环境，加强在国际碳交易市场的竞争力，进而提升受到影响的整体国际竞争力
威胁（Threat）	优势威胁战略（S. T）	劣势威胁战略（W. T）
a. 国际城市挑战 b. 欧盟大量规则限定 c. 英国移民政策收紧	充分利用自身网络优势，调动遍布全球的人才资源，加强 C40 平台建设，增强 C40 平台吸引力和号召力	通过 C40 等平台，逐步加强伦敦的国际竞争力，弥补传统竞争力的下降和损失

5. 评估与启示

通过 SWOT 矩阵分析模型可以清晰地得出伦敦在参与全球治

① 《经济学人：处于千条规则束缚中的伦敦金融业》，转自腾讯财经，http://finance.qq.com/a/20120109/006765.htm，2014 年 2 月 7 日。

理中应采取何种城市外交策略来提升其国际竞争力。总的来看，伦敦采取了以参与全球气候治理为核心的重点集中策略，其主要特点是：

第一，利用伦敦遍布全球的各大网络，调动各方面资源，奠定坚实的物质和舆论基础。

第二，倡议C40平台建设，完善多边机制，增强平台吸引力和在全球气候治理进程中的领导力。

第三，面对伦敦作为国际金融中心的地位受到的挑战，开拓国际碳交易市场潜力，挖掘新增长点，弥补传统竞争力下降带来的负面影响。

通过多管齐下的策略，既能够有力地保证伦敦在全球气候治理的进程中走在全球城市的前列，又能够增强伦敦非传统优势，保持超强的综合竞争力。伦敦的气候政策与国家的总体政策是双向互动的关系：一方面，英国政府对气候治理的重视程度与城市地方政府应对气候变化行动积极性呈正相关；另一方面，地方政府的态度也对国家的气候外交产生重要影响。英国政府长期对气候变化议题的重视及其推出的众多政策法规为伦敦参与全球气候治理扫清了障碍，注入了活力；而伦敦倡议建立城市间气候变化国际机制及其采取的一揽子具体措施也促使英国气候外交政策更加务实，措施更具有可操作性，目标更加量化。一个典型的例子就是，伦敦在国际碳交易市场上急流勇进，成为占据绝大多数交易份额的引领者，促使英国在全球范围内推动建立和完善碳交易体系。

五、案例分析之二：阿姆斯特丹的城市外交竞争策略

（一）背景

阿姆斯特丹的城市外交活动主要是围绕解决跨国移民问题展开。而跨国移民问题的产生与阿姆斯特丹的国际地位以及二战后的国际国内背景有着密切的联系。

1. 阿姆斯特丹的国际地位

阿姆斯特丹拥有七百多年的历史，目前已成为具有商业、教育、文化中心地位的国际化大都市。[①] 作为荷兰最大的工业城市和经济中心，阿姆斯特丹不仅吸引了上千家外国公司，同时也拥有超过 7700 家的工业企业，工业用钻石产量占到了世界总量的 80%。许多著名的大型企业和银行都将总部设在阿姆斯特丹，如飞利浦、毕马威、荷兰银行等。此外，阿姆斯特丹证券交易所是欧洲最大的证券交易所之一，也是世界上最古老的证券交易所。阿姆斯特丹是荷兰第二大港口，港口设施先进，港内外交通运输十分发达。阿姆斯特丹汇聚了荷兰优质的教育资源，特别是高等教育享誉世界。在阿姆斯特丹，既有历史悠久、科研实力雄厚的综合性大学阿姆斯特丹

① 崔晓琳：《阿姆斯特丹市长约伯·科恩：让中国人了解阿姆斯特丹》，《中国经济周刊》2008 年第 41 期，第 60 页。

大学，又有以艺术与设计见长的阿姆斯特丹 G. R 皇家艺术学院，同时也有以外向型教学氛围闻名的阿姆斯特丹自由大学。

在欧洲的大城市之中，阿姆斯特丹是一个极具包容性的城市，在此生活着来自 175 个不同文化和背景的居民。经济繁荣、文化多元让阿姆斯特丹成为具有强大吸引力的国际化大都市，在全球城市网络中占据重要地位。

2. 阿姆斯特丹城市治理面临的挑战——移民问题

与前殖民地千丝万缕的联系，加之二战后的主客观因素，催生了涌入荷兰的以穆斯林为主体的“移民潮”，一方面为荷兰经济的腾飞带来了丰富的人力资源，另一方面也滋生了许多问题。

（1）二战后的移民潮

荷兰的移民主要来源于其前殖民地，而移民主要由穆斯林构成。最早来荷兰定居的穆斯林可以追溯到 1879 年，来自荷兰东印度公司的穆斯林开始在海牙定居。在此后数十年间，穆斯林定居者不过寥寥数百人。但是，在二战后，大批穆斯林移民纷纷涌入荷兰，一时间，移民人数迅速飙升。当时，穆斯林移民可分为“后殖民移民”(post-colonial immigration)、客工（guest worker)、家庭团聚（family reunification)、强迫移民（forced immigrant）四大类。“后殖民移民”主要由于印尼和苏里南独立，一大批与宗主国有着千丝万缕联系的穆斯林移民宗主国。客工移民是受到战后荷兰经济腾飞对大量劳工需求的刺激。1963 年、1969 年荷兰政府分别与土耳其、摩洛哥签署劳工招募协议。受石油危机、经济衰退影响，1974 年荷兰终止客工计划并鼓励客工返回原籍，此举成效不彰反而刺激了移民的滞留。

随后实施的“家庭团聚”更使客工家眷蜂拥而至。[①]“家庭团聚”政策标志着穆斯林与西欧国家关系性质的重要变化，客工由单身男性为主、暂时性的外来劳工骤变为以家庭为单元、永久性的移民；移民通过家庭的存在与社会发生广泛的接触与联系，不仅体现在教育、社会福利、医疗卫生等方面，还有价值观、生活方式的磨合与调适。[②]而 80 年代，中东战乱不断，局势持续动荡，迫使了大量难民和避难者逃亡荷兰，成为“强迫移民”。这四股移民潮推动荷兰的穆斯林人口大幅上升，主要居住于阿姆斯特丹、鹿特丹、海牙、乌特勒支四座大城市。

（2）移民引发城市治理难题

作为荷兰首都和第一大城市，阿姆斯特丹成为移民定居的首选之地。由于部分移民受教育水平有限，就业技能较低，给阿姆斯特丹造成了严重的社会福利负担，也引发了一系列社会问题。

社会负担沉重

高度完善的福利制度使得移民过分依赖福利，滋生了懒惰情绪。与毗邻的德、英等国相比，荷兰实施的多元文化政策给予移民慷慨的社会福利权益，却产生南辕北辙的消极负面效果。[③]移民而来的穆斯林大多受教育水平较低，语言先天不足，就业技能有限，只能从事最脏、最累的工作，因此受经济波动的影响较大，失业率较高。据统计，穆斯林比本地人失业率高 2—3 倍。很多移民生活难以自保，只能是依靠国家福利。由于荷兰是一个高度完善的福利社

---

① 胡雨：《荷兰穆斯林移民与社会融入》，《欧洲研究》2013 年第 3 期，第 118 页。

② Jocelyne Cesari, *When Islam and Democracy Meet: Muslims in Europe and in the United States* (New York: Palgrave Macmillan, 2004), p. 13.

③ 胡雨：《荷兰穆斯林移民与社会融入》，《欧洲研究》2013 年第 3 期，第 125 页。

会，而地方政府需要全面负责本地区的社会福利开销。因此，大量高度依赖福利的穆斯林移民给阿姆斯特丹带来了沉重的社会负担。

犯罪高发

很多穆斯林移民怀揣着改变命运的想法来到荷兰，但当置身于截然不同的国家时，面对文化碰撞、社会习俗差异、就业困难增大、竞争激烈的环境，心中的不满慢慢聚集。特别是新来的移民和年轻人发现生活与预想的完全不同，现实与理想差距甚远。同时，当发现这个社会的很多方面都在和正统的伊斯兰教义发生冲突时，很多年轻人感到失望、被疏远，也很生气。很多隐藏在宽松包容环境下的矛盾一时间开始爆发，两种不同的文化和宗教信仰在一个自由的环境中碰撞时很容易产生激进的思想。①在包括阿姆斯特丹在内的荷兰许多地方，很多伊斯兰极端团体兴起，并且有使用暴力的倾向，对社会安全与稳定造成了影响。

效率低下

荷兰是一个社会福利高度完善的国家。尽管完善的社会福利是国家进步的重要标志，但是高福利也会引起一些弊端，引发对福利的过度依赖，造成竞争意识薄弱，社会氛围松散等问题。本来社会保障体制的初衷是保护社会的弱势群体或者暂时的弱势群体，由于从出生到死亡的全盘包揽，而且还有诸如医疗康复、保健、家庭护理、教育补贴等层次较高的补助，因此已经远远超出了保障弱势群体的最低生活要求。而大批移民因为本身受教育水平较低，就业能力较差，因此往往主动依靠国家福利，从而造成了社会效率的低下，从长期来看不利于社会经济的可持续发展。

---

① 刘建辉：《荷兰，宽容与自由的代价》，《经济》2006 年第 1 期，第 29 页。

（二）阿姆斯特丹的城市外交实践及其特点

自身的优势和国际地位决定了阿姆斯特丹能够调动丰富的资源，而面临的诸多重大问题也驱使阿姆斯特丹充分利用自身资源，积极参与城市外交活动，以寻求解决之策。

城市参与外交活动的内在动力主要分为三点：第一，为城市及社区争取更多的利益；第二，应公民的要求；第三，出于一些理想主义的愿景。[①]而阿姆斯特丹正是在上述动力的驱使下，成为城市外交的积极行为体。围绕着民族和解和消除种族冲突的全球治理目标，为自身治理外来移民难题营造有利环境，阿姆斯特丹的城市外交实践颇具特色。

1. 防止冲突，缔造和平

在面对它国动乱和内战时，由于国家利益诉求和国家主权滞阻，许多国家采取了无视甚至是偏袒一方的政策。冷战后的国际冲突催生了大量“强迫移民”，而以阿姆斯特丹为代表的一些欧洲城市成为这类移民的主要目的地。在传统的外交实践中，国际冲突预防与解决是主权国家政府的主要职责，但是自 20 世纪 90 年代以来，阿姆斯特丹等欧洲城市提出，城市在冲突预防、构建和平和冲突后重建中可以发挥更为具体的作用，并且采取更为实际的措施。在卢旺达种族大屠杀后，阿姆斯特丹在荷兰城市联合会（Association of

---

① 熊炜、王婕：《城市外交新方式：城市参与全球治理》，《城市外交——中国城市外交的理论与实践》（刘保春主编），广州市外事办，第 75—76 页。

Netherlands Municipalities）的组织框架内参与到对卢旺达的重建进程中，促进地方政府在化解种族矛盾、解决发展问题中发挥核心作用。在波黑战争中，阿姆斯特丹等城市积极为流离失所的难民提供人道主义援助，并与波黑地方政府和城市合作，加快重建进程。这些以城市为主体的参与到国际和平行动中的行动有力地补充了国家外交行动。

2. 建立无核区

20 世纪 80 年代，在欧美许多城市爆发了轰轰烈烈的反核运动，而阿姆斯特丹也是这一大潮中的重要一员。在 80 年代，北约欲在荷兰部署巡航导弹，对以苏联为首的华约进行遏制。一石激起千层浪，此举在荷兰国内引起了巨大震动，在跨教会和平委员会（Interchurch Peace Council）等组织的游说下，阿姆斯特丹等城市通过发表政治声明、和平示威、普及和平教育等各种合法的方式，与欧洲城市共同抵制核武器，支持建立无核区。此举对欧洲的和平运动产生了重要影响。

3. 姊妹城市与国际发展援助

国际发展援助是重要的经济外交手段。阿姆斯特丹历来十分重视国际发展援助，特别是对荷兰前殖民地的援助。阿姆斯特丹市 40 个部门参与到了对 13 个不同国家的姊妹城市的发展援助当中。而荷兰主要移民来源国苏里南、摩洛哥、土耳其、加纳、荷属安德烈斯和阿鲁巴岛的城市成为主要的援助对象，接受阿姆斯特丹提供的全方位的援助，涵盖了公共交通、住房、消防、卫生、教育等关系民生的重要领域。

在前荷兰殖民地苏里南，阿姆斯特丹重心放在了帮助当地修建公益住宅，改善居住环境。同时，帮助苏里南建立了自己的房产开发公司，在阿姆斯特丹城市规划机构的指导下，合理规划，修建符合当地实际情况的住房，以解燃眉之急。在加纳，阿姆斯特丹帮助当地政府建立了公交公司，并向加纳政府提供补助，前提是公交车必须向荷兰购买，并雇用一名荷兰经理和技术总监。目前为止，该公司拥有了 13 条运营线路，雇员从最初的 500 人猛增至近 3000 人。[①]在荷属库拉索岛和圣马丁，阿姆斯特丹市政官员向当地官员和警察教授基本礼仪等课程。在土耳其伊兹米特，阿姆斯特丹为在 1999 年地震中致残的当地民众开设了福利工厂，普及保护残疾人就业权利的观念，并向工厂提供补助。

通过结成姊妹城市，阿姆斯特丹的国际发展援助基本上流向了主要的移民来源国，而直接目的就是改善当地生活条件，促进当地发展，增强当地吸引力，最终解决移民根源问题。

4. 理想主义愿景

阿姆斯特丹在理想主义愿景的驱使下，通过城市外交活动参与到了诸如反对种族隔离制度和反对独裁统治等行动当中。

从 20 世纪 40 年代开始，南非就开始实行种族隔离制度（南非语：Apartheid）[②]，人口占多数的黑人长期受到歧视和隔离，无法享受到应有的权利。由于殖民历史和语言相近的关系[③]，荷兰政府对

---

① http://vorige.nrc.nl/international/Features/article2321785.ece/Amsterdam_redefines_town-twinning_as_aid，2014 年 2 月 27 日。

② Apartheid 是南非语引自荷兰语的词，意为区分隔离制度。

③ 在南非，英语和南非语（Afrikaans）为官方语言，南非语由 17 世纪的荷兰语演化而来。

南非白人当局只是采取了低调批评的方式。这一做法在荷兰国内并不被地方政府和民众所接受。阿姆斯特丹官方在1986年公开宣布反对南非种族隔离制度，并联合其他城市动员境内公司对南非开展包括经济、文化、体育等领域在内的联合抵制活动。同时，阿姆斯特丹等荷兰城市于1988年共同发起成立了荷兰地方政府反对种族隔离组织（Lokale Overheden Tegen Apartheid）①，在该组织框架内，阿姆斯特丹与其他荷兰城市一道与南非地方和城市展开接触，并向当地黑人成立的民权组织提供支持，帮助当地黑人在市政选举中赢得多数选票，使其在地方政府中发挥更加关键的作用，自下而上向国家政府施压废除种族隔离制度。

20世纪七八十年代，尼加拉瓜桑地诺民族解放阵线推翻了安纳斯塔奥·索摩查·德瓦伊莱长达数十年的独裁统治，上台执政。随之，以阿姆斯特丹为代表的全球许多城市与尼加拉瓜城市结成姊妹城市，帮助推进政治议程。1988年5月，第一届欧洲—尼加拉瓜城市联系会议在阿姆斯特丹召开，会议通过了旨在建立双边城市网络的《阿姆斯特丹倡议》，帮助尼加拉瓜战后重建。

总的来看，阿姆斯特丹开展城市外交活动的对象主要来自两类国家，一类是荷兰前殖民地，如苏里南；另一类是与荷兰有较为密切经济、历史、文化联系的国家，如土耳其和摩洛哥。而两者都是阿姆斯特丹穆斯林跨国移民的重要来源地。在经济外交领域，阿姆斯特丹参与国际发展援助，改善援助接受国发展状况，提升其凝聚力和吸引力；在全球治理方面，阿姆斯特丹积极从事消弭冲突，构

---

① Lokale Overheden Tegen Apartheid 为荷兰语，该组织英文名称为 Local Authorities against Apartheid。

建和平的行动，由内而外减少因战乱引起的“强迫移民”。就城市自身利益而言，开展城市外交活动是阿姆斯特丹应对外来跨国移民问题的一个重要手段。

（三）阿姆斯特丹应对移民问题的城市外交策略

纵观阿姆斯特丹的城市外交活动，主要是围绕应对跨国移民问题展开的。为此，主要行动方式由最初的被动应对到后来的主动出击。既开展多层互动，整合资源，与其他城市应对共同面临的问题；又从教育上提高移民素质，加速移民融入当地社会；同时向移民输出国提供发展援助，解决发展问题，根除移民根源。阿姆斯特丹采取了一系列内外结合、标本兼治、改善存量，限制增量的措施来全面应对移民问题。

1. 多层互动

在应对移民问题上，阿姆斯特丹采取了多层互动的策略，与国际城市、国家政府和国内城市共同合作，协调政策，保持行动的一致性和连贯性。

在与国际城市的合作中，作为世界城市和地方政府联合组织的一员，阿姆斯特丹积极参与该组织移民和共同发展工作组议程，与国际城市一起共同探讨应对移民问题的对策，并吸取其他城市的成功经验，在组织框架内开展行动。阿姆斯特丹积极与各国使馆、部门、地方政府和城市联合会保持政策一致性。

同时，为保证央地之间政策的一致性，防止纵向分歧的出现，阿姆斯特丹积极向国家政策靠拢。当荷兰政府宣布放弃多元社会观念，开始对移民实行同化政策时，阿姆斯特丹也积极跟进。

此外，阿姆斯特丹与荷兰国内其他城市和城市组织也展开了卓有成效的合作。不管是在荷兰城市联合会框架内帮助卢旺达建立高效、透明、负责任的地方政府联合会，还是 在 G4① 平台上的共同协调，阿姆斯特丹都充分发挥了城市网络的能量，以抱团取暖的方式来应对移民问题。

2. **解决移民问题根源**

阿姆斯特丹有针对性地向处于或经历过冲突的移民来源国提供援助，帮助地方政府推进政治议程，提升地方政府在国家事务中的发言权，增强地方政府的治理能力，推进民主化进程，从而能够充分发挥地方政府神经末梢的作用，化解矛盾与冲突。

此外，移民大量流出另一大主要原因还是本国发展水平低下，无法为公众提高满意的公共产品与服务。因此，解决移民问题的长久之计还是发展，提高本国本地区的吸引力、凝聚力和向心力。由国家采取自上而下的方式向其他国提供发展援助并不总是能够达到预期效果，而城市和地方政府更加贴近民众，更明白民众之所需所急。因此，在发展援助过程中，国家的角色应该是为城市和地方政府提供便利，而地方或城市可以在国际发展援助中应发挥核心作用。阿姆斯特丹在参与国际发展援助时，不仅有专人管理援助项目，而且非常重视贴近民生的项目援助，重视授之以渔，强调在援助的过程中提升当地人的相关技能，逐渐掌握专业知识，获得持续

① 荷兰四大城市：阿姆斯特丹、鹿特丹、海牙、乌特勒支。

发展的动力和保证。

3. 融入教育

根据2005年的《公民融入国外法案》（*Civic Integration Abroad Act*，2006年3月生效）规定，外来移民必须在掌握荷兰语和荷兰社会基本知识的前提下，才能够有资格申请暂时居留许可（MVV），即外来移民须先通过“公民融入国外考试”，才有资格入境。[①]申请人必须通过荷兰语以及荷兰社会知识测试方可移民，从而达到有效提高移民素质以及增强对荷兰价值观的认同。

而阿姆斯特丹作为荷兰外来移民最大的聚居地之一，融入教育被提到了至关重要的地位。政府不仅规定移民要掌握语言和社会知识，同时向移民提供经费，开展就业培训，使移民提高就业技能，融入当地就业市场。尽管融入教育是国内层面的政策，但是该政策的出台是国内外、央地和不同利益集团博弈的结果，同时也是阿姆斯特丹应对移民政策的有机组成部分，与对外政策遥相呼应。

（四）SWOT 分析

本节通过SWOT分析模型，对阿姆斯特丹在应对移民问题的城市外交活动中所具有的内部优势、劣势，面临的外部机会、挑战进行分析，从而对其所采取战略进行评估，得到有益启示。

---

① 胡雨：《荷兰穆斯林移民与社会融入》，《欧洲研究》2013年第3期，第128—129页。

1. 优势

作为荷兰首都和第一大城市，阿姆斯特丹具有先天的区位优势，较为鲜明的民意基础、舆论基础和完善的社会福利体系。

（1）区位优势

就政治地位和经济实力而言，每一个国家和地区都有核心城市和边缘区域，核心城市与边缘区域因其调动资源的差异在国际外交舞台的影响力与作用是截然不同的。

阿姆斯特丹是荷兰最大的工业城市和经济中心，历史悠久，经济发达，文化底蕴深厚。阿姆斯特丹是荷兰第二大港，港口完全实现了现代化，港内外交通运输十分发达，与周边地区和国家联系紧密，便于对外交流与合作。同时，雄厚的财力、高素质的人才极大地支撑了阿姆斯特丹的国际发展援助项目。

（2）民意舆论基础

就整个荷兰而言，对整肃移民问题的呼吁由来已久。一方面，多元文化政策并未缓解穆斯林弱势的社会经济地位，反而养成其对社会福利制度的过分依赖，滋生其“不负责任”的心态和习气，进一步加深其社会经济的边缘化；[①]另一方面，穆斯林移民自身的心理落差，以及与当地社会文化的格格不入，常常走极端，酿成惨剧。而阿姆斯特丹正成为许多惨剧的发生地，移民犯罪成为受到持续关注的议题。因此，当荷兰改变多元主义政策，进行同化政策时，在阿姆斯特丹受到了多数民众和舆论的支持。从而也为阿姆斯特丹开展外交行动，进一步具体解决此问题提供了民意与舆论的支持。

---

① 胡雨：《荷兰穆斯林移民与社会融入》，《欧洲研究》2013 年第 3 期，第 125 页。

(3) 完善的社会福利体系

完善的福利体系是一个社会承受外来冲击，保持社会稳定与发展的重要支撑。尽管荷兰完善的社会福利体系因为外来移民大量涌入与过度依赖而承受着巨大的压力，但同时完善的社会福利体系却为移民融入当地社会提供了必要的支持。在荷兰的融入与同化政策中，政府要为移民免费提供语言学习、公民教育和劳动市场准备培训课程。而地方要在政策具体落实过程中承担重要责任，离开完善的社会福利体系，这一切都难以实施和具体落实。

2. 劣势

在应对移民问题上，阿姆斯特丹自身存在一些劣势，包括移民人数比例较大，意见不容忽视；移民聚居区与外界的隔绝以及移民群体之间的碎片化；民粹主义有所抬头。

(1) 移民人数与民意

据统计，在 2011 年，荷兰穆斯林人口超过 91 万，占荷兰总人口的比例达 5.5%左右。而作为穆斯林移民的首选之地之一，阿姆斯特丹的穆斯林移民比例远远高于这一数字。据统计，在阿姆斯特丹，穆斯林人口超过了半数，是全欧穆斯林人口比例最高的城市。

而在大量的穆斯林移民背后，是难以违背的民意，任何针对移民的政策措施如果实施不当，就可能招致大范围的反对，引起严重后果。

(2) 移民社区的隔绝与碎片化

首先，阿姆斯特丹的穆斯林移民往往集中居住于少数民族聚居区，由于语言不通，就业能力较差，往往与外界社区隔离，无法适应当地的社会生活，逐渐被边缘化。其次，阿姆斯特丹穆斯林社群碎片化严重。穆斯林远非一个同质性整体，它因循族群、语言、教派或政治倾向的断层线而四分五裂。在高度组织化的西欧社会，穆斯林的碎片化阻碍了穆斯林创建具有广泛代表性的社群组织，也妨碍了穆斯林与政府之间的交流对话，或建立制度化的协商机制，更遑论协同合作、选举政治代表、影响公共政策。[①]因此，移民社区与外界的格局以及社群间的碎片化使得穆斯林移民难以融入当地社会生活，自身逐渐被边缘化，从而引发种种问题。

（3）民粹主义

在包括阿姆斯特丹在内的荷兰许多地方，一些极右翼政客通过民粹主义，煽动民众情绪，从而使移民问题政治化，达到自身的政治目的，捞取政治资本。2010年全国选举中，威尔德斯领导的自由党（PVV）一举赢得15.5%选票，跃居国内第三大政党。极右翼民粹政党的崛起反映出荷兰社会对穆斯林人口不断增长的担忧，对暴力恐怖主义所带来威胁的恐惧，对社会凝聚力和国家认同日渐削弱的焦虑。[②]

民众对移民问题的关注一方面为该问题的解决奠定了民意基础；另一方面，过度的关注和煽动民粹主义则可能引发民众过激情绪和行为，从长期来看，不利于民众接受穆斯林融入当地社会。

3. 机会

从国际上来看，反恐依然任重道远。从欧盟来看，逐渐在调整

---

① Jytte Klausen, *The Islamic Challenge: Politics and Religion in Western Europe* (New York: Oxford University Press, 2005), p. 81.

② 胡雨：《荷兰穆斯林移民与社会融入》，《欧洲研究》2013年第3期，第127页。

移民政策，以便实现欧盟成员移民政策一体化。从荷兰国内来看，其他城市如鹿特丹、海牙和乌特勒支等也深受移民问题困扰，希望能够与阿姆斯特丹一道共同妥善处理此问题。

（1）全球性反恐

“9·11”恐怖袭击事件之后，以美国为首的西方国家掀起了声势浩大、旷日持久的反恐行动。随着穆斯林问题的“安全化”（securitization），欧洲各国政府逐渐把伊斯兰视为“生存威胁”，危及本国政治制度和价值规范，必须采取断然措施加以遏制。据此，“法律赋予政府更大的自由裁量权，以更严厉手段处置穆斯林公民或移民所带来的潜在危险。”“9·11”事件后，荷兰通过了一系列的反恐立法或修正案，并设立了全国反恐协调员一职。在 2004 年梵·高谋杀事件发生后，荷兰政府迅速提议剥夺拥有双重国籍极端分子的荷兰国籍，关闭宗教激进主义清真寺，驱逐极端伊斯兰教士。①恐怖主义和极端势力威胁使荷兰政府更加清醒地认识到采取强硬有力措施的必要性。

因而，国际国内反恐形势为阿姆斯特丹解决移民问题创造了良好的政策与现实环境。

（2）欧盟调整移民政策

2008 年 10 月，欧盟 27 国领导人批准了《欧洲移民与难民庇护公约》，对移民政策进行了调整。在欧盟新的移民政策中，坚决打击非法移民，尤其要确保能将那些非法滞留的移民送回祖籍国或其他中转国；加强与移民来源地国的合作，协调移民与发展之间的关系。这一新的政策出台，对于阿姆斯特丹而言，有利于打击非法移

① 胡雨：《荷兰穆斯林移民与社会融入》，《欧洲研究》2013 年第 3 期，第 129 页。

民，减少移民数量，保证公共服务供给，同时能够通过发展解决移民根源问题。

（3）其他城市合作意愿

阿姆斯特丹、鹿特丹、海牙和乌特勒支是荷兰四大城市，也是荷兰穆斯林移民最多的城市。因此，四座城市都因为移民问题而备受困扰。这四座城市被称为G4，在很多领域都有过合作。四座城市共同派出了驻布鲁塞尔的外交官，向欧盟委员会、欧洲议会等欧盟机构进行游说活动，维护其共同利益。面对移民问题，任何一个城市都难以独善其身，只能是以抱团取暖的方式，通过协调与共同合作，制定出切实可行的政策措施，通过内外联动，才能妥善应对。

（4）欧盟多层治理框架

如果说全球治理理论的兴起是全球化发展的逻辑结果的话，那么，多层治理论的提出则就是欧洲一体化发展的必然结果。①随着欧洲一体化进程的不断深化和扩展，合作领域逐渐由单一向经济、防务、司法、社会生活等各个领域全面扩展。一体化的治理体系也从当初煤钢共同体这一比较单一的结构，发展到现在欧盟复杂的三大支柱结构，三大支柱的组织结构和运作机制各不相同，同一支柱内部不同领域的治理方式也各不相同。政府间主义、超国家主义、次国家主义三种方式在三大支柱以及每个支柱内部各个领域的运作机制中同时并存，逐渐形成一种复杂的多层治理体系。②

在这一多层治理体系当中，城市作为被认可的利益攸关方，在决策过程中发挥着极为重要的作用。不仅是各种超国家机构如欧盟

---

① 朱昌贵：《多层治理理论与欧洲一体化》，《外交评论》2006年第6期，第50页。

② 同上，第53页。

委员会、欧洲议会，或成员国政府，地方和城市政府同样可以发出自己的声音。在欧盟的组织框架内，专门设有地区委员会（Committee of the Regions），从地区层面落实欧盟立法，并发出本地区的声音，维护本地区的利益。因此，在欧盟的决策过程中，不仅是成员国，地区和城市同样具有影响力。这样体现出多层治理强调权力非集中的、开放的运用。从而也为阿姆斯特丹等城市应对非传统威胁提供了理论范式和现实运行轨道。

4. 挑战

地区局势动荡，会催生大量“强迫移民”；荷兰国内外极端势力相互联系，形成网络，容易引发严重后果。

（1）地区冲突不断

80 年代中东的动荡局势引发“强迫移民”潮。而从 2011 年开始，席卷西亚北非的大动乱导致多国政权更迭，多名政治强人倒台，甚至引发多国内战，造成大量平民伤亡，许多民众逃离本国，移民海外。非法移民的涌入会给欧洲国家造成治安压力加重、社会冲突加剧等多重安全困扰。[①]同时，欧洲深受金融危机和债务危机打击，经济不振，就业低迷，社会矛盾激化，移民的大量涌入将会加剧本就非常紧张的移民和主流社会的关系。而阿姆斯特丹作为穆斯林移民的主要目的地，自然是首当其冲，受到冲击。

（2）极端势力抬头

皮尤研究中心的调查显示，欧洲、北美的受访民众认为，宗教

---

① 《欧洲收紧移民政策，西亚北非动荡系直接导火索》，人民网，http：//edu. people. com. cn/GB/204387/15655723. html，2014 年 2 月 12 日。

和民族仇恨是世界所面临的最大危险，其次是核扩散，而其他各洲的受访民众则多数认为艾滋病等传染疾病、环境变化是头等威胁，其次是贫富差距或核扩散。[①]马德里火车站爆炸、伦敦地铁爆炸等恐怖袭击事件表明在恐怖势力已经渗入欧洲，并能够发动致命袭击。在荷兰，有数十个极端团体，并且有使用暴力的倾向，甚至有些团体还有女性成员，这是以前从未有过的。极端势力的抬头对阿姆斯特丹应对移民问题也提出了严峻的挑战。

表 3　阿姆斯特丹应对移民问题城市外交活动 SWOT 矩阵分析

内部能力 / 外部因素	优势（Strength）	劣势（Weakness）
	a. 区位优势 b. 民意舆论基础 c. 完善的社会福利体系	a. 移民人数与民意不容小视 b. 移民社区的隔绝与碎片化 c. 民粹主义
机会（Opportunity）	优势机会战略（S. O）	劣势机会战略（W. O）
a. 全球性反恐 b. 欧盟移民政策调整 c. 其他城市合作意愿 d. 欧盟多层治理框架	充分利用区位优势，开展地区和国际城市合作，加强协作，联合应对移民问题	抓住欧盟调整移民政策良机，限制本地区移民人数；开展城市间合作，交流移民融入成功经验
威胁（Threat）	优势威胁战略（S. T）	劣势威胁战略（W. T）
a. 地区冲突不断 b. 极端势力抬头	利用自身雄厚资金与民意舆论支持，向移民来源国提供发展援助，消除移民问题根源，并加强地区和城市间反恐合作	加强移民融入力度，根除极端势力滋生的土壤

① Wilma A. Dunaway and Donald A. Clelland, "Ethnic Conflict in the Modern World-System: The Dialectics of Counter-Hegemonic Resistance in an Age of Transition," *Journal of World-Systems Research*, Vol. IX, No. 1, Winter 2003, p. 17.

5. 评估与启示

通过 SWOT 矩阵图分析，可以看出阿姆斯特丹在应对移民问题的城市外交活动中所具有的优势、劣势和所面临的机遇和威胁，总结出应该采取的具有针对性的策略。通过与前述相比较发现，阿姆斯特丹已采取的策略基本上与 SWOT 分析的结果相一致，即结合了成本领先、差别化和重点集中战略。其主要特点是：

第一，充分抓住欧盟调整收紧移民政策的良机，控制穆斯林移民数量；同时，加大投入，促进移民融入，增强移民社会认同感。

第二，开拓城市外交合作新领域，增强国际城市间的协作，分享成功经验，共同行动；利用自身资金优势、民意舆论基础，向移民输出国提供发展援助、帮助构建和平，解决好和平与发展问题。

第三，阿姆斯特丹应对跨国移民的外交活动是荷兰整个国家应对这一问题的缩影与重要组成部分，其采用的国际发展援助解决移民根源等策略也成为荷兰本国的重要政策选择。

六、结语及对北京的策略建议

在当今世界，城市作为重要的政治、经济、文化枢纽的地位越发凸显，参与外交活动也更为频繁，更加积极和主动。作为国家总体外交的组成部分，城市外交正在成为一种新型外交方式。一方面，面临全球化背景下的诸多世界性问题，任何国际关系行为体都难以独善其身，城市作为人类文明成果更是首当其冲；另一方面，全球化一定意义上也带动了城市的国际化，而增强国际竞争力也是城市国际化的必然要求。因此，在双重动力的驱使下，城市积极参与全球治理，在全球治理进程中开辟了新的轨道。

在全球化的大环境下，在传统的以行政方式为主导的管理方式下，城市难以参与国际竞争。因此，城市在走向世界的过程中必须更新管理理念，变革管理模式，提高管理效率，在国际竞争中逐渐向企业化模式迈进。本文通过采用 SWOT 分析模式，建立分析框架，对城市内部条件和外部环境综合考虑，开展系统评价，从而选取利于城市长远发展的最佳竞争策略。

在对伦敦参与全球气候治理和阿姆斯特丹应对跨国移民问题的案例分析中，通过建立 SWOT 分析模型选取最佳理想竞争策略与两者已采取的策略相比较，进行评估，从而得到诸多有益启示。首先，城市参与全球治理有赖于城市合作国际机制的建立，从而克服单打独斗、势单力薄的劣势，实现资源共享，优势互补。城市间竞争不仅仅是对有限资源的占取，也表现为在利益攸关议题上的共同合作。但从本质上而言，通过合作增强自身实力，也是占据有利竞争优势的手段。其次，城市参与全球治理既要着眼当前，更要立足长远。在解决突出性问题的过程中，力争解决问题根源，特别是在国际发展援助中，授之以鱼，更要授之以渔。最后，必须协调好与国家总体外交的关系，实现中央政府与地方政府的良性互动，既最大程度上发展好城市的利益，又充分维护好国家总体外交大局，达到共赢的局面。

从对伦敦和阿姆斯特丹等欧洲城市的城市外交策略所做的分析中可以得到对北京如何创新城市外交策略的几点启示。北京位列我国城市体系“金字塔”层级的最高层，代表着我国现代化和国际化的最高水平。这为北京城市外交的大发展奠定了厚实的基础。北京的城市发展建设路径不能局限在“国家”或“国内”的框架之内，而是要全力参与国际竞争和合作，发挥沟通区域经济与全球经济的桥梁和通道作用。从全球化和国家经济社会发展的大趋势来看，城市外交一方面是北京建设世界城市的题中应有之义，而另一方面，在全球治理“本土化”浪潮的驱动下，城市与国家疆界外的城市产生更为紧密的联系，城市体系间的联动性表现更为明显，这也为北京实施更为有效的城市外交战略提供新的历史性机遇。“全球本土化”（Glocalization）是自 20 世纪 90 年代以来新兴的一个概念，原本来自国际商务领域，用以指导国际化企业如何以本土化战略应对全球化带来的挑战，其要旨在于“全球化思考，本土化行动（thinking globally and action locally）”。[①]而在我们审视城市面临的全球化压力以及各种由全球化带来的“城市病”问题时，发现借鉴企业“全球本土化”战略，结合可持续发展的新型城市治理理念是北京能够在激烈的全国乃至全球城市竞争中脱颖而出的重要途径。成功的关键取决于北京能否贯彻和实施“创新发展理念，走新型城市化发展道路”，以新型城市治理破解全球化时代的“城市病”，从而引领全球治理“本土化”的新浪潮。

---

① Barry Wellman, “Little Boxes, Glocalization, and Networked Individualism,” in *Digital Cities II*, edited by Makoto Tanabe, Peter van den Besselaar, and Toru Ishida. Berlin: Springer-Verlag, 2002, pp. 11-25.

法律外交的理论与实践

王　佳[*]　严文君[**]

在全球化的时代背景下，法律已经完全渗透到政治、经济、文化、环境等领域，传统的政治外交、经济外交、文化外交越来越需要从法律的视角来进行，这就要求各国必须把法律观念和法治理念贯穿在外交活动之中，将某些外交问题转化为法律问题，以合法的程序和行为处理外交事务，依法化解外交纠纷。① 一般认为，法律外交是指“以法律为内容、机制和媒介的外交活动”，突出表现为以法律手段解决涉外纠纷，形式为涉外立法、执法、司法的国内和国际法律过程。法律外交是与政治外交、经济外交、文化外交、军事外交等并行但不冲突，反而相互补充的概念，不仅包括传统外交中涉法活动，比如司法协助、签订条约、国际诉讼等，更是指广义

---

* 王佳，外交学院国际法系讲师。

** 严文君，外交学院国际法系讲师。

① 谷昭民：《中国开展法律外交的现状与发展趋势研究》，《现代法学》2013 年第 4 期，第 173 页。

上所有以法律为内容、机制和媒介的外交活动。①

法律外交作为一种新的外交方式，在外交实践中的应用范围非常广泛，而相关的学术研究为未来进行法律外交实践提供了重要的学理基础，必要性不言而喻。本研究正是一项针对具体领域中的法律外交问题进行的学术研究，兼具政策取向。因此，本研究将分为四个部分：第一，从理论上对法律外交进行探讨，主要厘清法律外交的概念、内涵、外延、特征、功能等；第二，分析国际社会开展法律外交活动的最新实践，总结域外经验，为北京和中国开展法律外交提供借鉴；第三，对当前我国法律外交领域的重点问题进行针对性研究；第四，结论。

一、法律外交的一般理论

外交是国家之间和平交往的方式。② 但究其细节，则是一个内容复杂、指向多元的概念。③ 在外交的视域内，法律外交是一个新概念。在传统的思维中，外交是与法律相并列的概念，分别属于处理国家间关系的不同方式。传统的国际关系以战争与和平为主线，战争以武力的强大与否作为胜负的基础以及确立国家之间关系格局的决定因素；战争前后以及和平时期则以外交为确立国家关系的基

① 张文显、谷昭民：《中国法律外交的理论与实践》，《国际展望》2013 年第 2 期，第 2 页。

② Ivor Roberts ed., *Satow's Diplomatic Practice*, 6th ed (Oxford University Press, 2009), p. 3.

③ 陈志敏、肖佳灵、赵可金：《当代外交学》，北京：北京大学出版社 2008 年版，第 2—6 页。

本手段。传统外交更注重谈判，外交谈判以国家的实力作为后盾，展现外交人员的风度、风格和技巧。战争和外交虽有表现上的诸多差异，但有一点是一致的，就是均体现权力导向，有实力的国家就有更大的发言权和决定性；没有实力的国家则只能被动地承受大国政治的结果，无法伸张正义。与之相对，法律体现的是一种规则导向的理想，力图在社会关系中逐渐实现公平的目标。所以，法律和外交并不直接交叠。随着时代的发展，法律进入外交的视野之中，出现了"外交法"（law of diplomacy）或者"关于外交的法律"（law on diplomacy）这样的术语。其代表则是《维也纳外交关系公约》《维也纳领事关系公约》所建立的现代外交法律体系，主要确立外交代表的层级、使馆与领馆的职责与权力，使馆、领馆及相关人员的特权豁免等问题。与此同时，以外交方式谈判完成的成果用法律的方式固定起来，法律与外交的联系日益深化。即使如此，法律外交（legal diplomacy）这样的概念依然显得生僻，diplomacy of law 这样的提法也非常少见，这一概念也还没有得到普遍的认同。[1]但是，随着当今全球治理思维的推进，法律全球化的不断发展，外交与法律的联结应当不仅限于"关于外交的法律"或者"基于外交的法律"，而是有必要、有可能出现和发展"关于法律的外交"以及"基于法律的外交"。

法律外交具有多元性、多样性。从主体的角度看，在全球化的时代，外交的参与者增多，跨国企业、公民个人都参与到外交之中

① J. H. W. Verzijl, *International Law in Historical Perspective* (Leyden : A. W. Sijthoff, 1968), p. 273.

来，外交呈现了大众化的倾向。[①] 法律外交活动的承担者或实施者也包括国际组织、政府机构和非政府组织。政府机构是官方机关，包括政府部门等具有一定政府职能和行使国家权力的机构和组织。非政府组织一般指非官方机构，如社会团体、大专院校，等等。从形式的角度看，法律外交可以分为三类，即以法律为基础的外交、以法律为形式的外交与以法律为内容的外交。第一类法律外交活动是指在总体外交或各领域、事项的外交活动中，以法律作为基本的参照系、考量前提或者行为准则。在全球化时代，越来越需要以法律的新思维、新方式、新的工作机制处理政治或外交问题，即用法律手段达到政治或外交目的，将政治、外交问题法律化。在外交问题上，条约法公约、外交关系、领事关系公约，都是外交活动的基本语境；而在讨论海洋、航空、外空关系时，相关的国际条约也是进行磋商、采取行动时必须考虑的前提。第二类法律外交活动是指国家之间采取法律的形式来从事外交活动。具体包括国家之间确立条约，来确定双方的权利义务与交往模式；双方遵守规则来维护彼此的关系，通过共同核查履约情况来确定彼此的信任，解决存在的问题。也包括在出现纠纷之时，通过仲裁或司法的方式予以解决，采用和平和相对公正、透明、公开、给予双方足够机会说明事实和理由的方式化解冲突，避免冲突的升级，保持此后的良好关系，避免武力冲突或者其他恶性事件。法律谈判、缔结条约、司法协助、国际审判、参加法律领域的国际组织和国际会议是以法律为形式的外交最常见的方式。第三类法律外交活动是在外交的过程中，就法

---

① Wilfried Bolewski, *Diplomacy and International Law in Globalized Relations* (Berlin, New York: Springer, 2007), pp. 51-72.

律方面的问题进行合作，或者进行磋商和交流，也就是以法律交流与沟通、法律文化传播为内容所展开的外交，是主权国家利用法律手段达到特定政治目的或对外战略意图的一种外交活动。包含处理法律政策问题的外交、利用法律资源进行的外交工作、在海外大力宣传本国民主法制建设和依法治国状况、不同国家法学法律界之间的对话，等等。

目前，法律外交在国际社会的博弈中越发重要，日益受到各国的重视。我国在现有国际体系中已拥有一定制度性权利和重要影响。我国不断发展壮大，在国际博弈中越来越处于有利和主动的地位。在不少重要领域，如果没有中国的参与，相关规则的合法性、有效性就会大打折扣。但是，与此同时，同西方发达国家相比，我国在国际法话语权、影响力上还处于劣势。西方国家对国际秩序变革有很强的危机感，不会容许后来者挑战其传统优势地位，我国将面临不少束缚和牵制。国际上关注我国崛起后将如何影响现有国际规则和国际秩序，不乏对我国的偏见和疑虑。这都会给我国法律外交工作增添复杂因素。我国对外工作法律法规体系有待健全。法律外交工作的意识、经验、能力、机制和人才队伍都还有不少短板。因此，我们有必要对西方国家近期的法律外交实践加以探索，以借鉴其积极成分。

二、法律外交的最新国际实践

国际社会近期最引人注目的一次法律外交实践是“恩丽卡·莱

克西号”案。“恩丽卡·莱克西号”案是运用法律手段化解外交争端的一个重要案例，对其相关情况进行研究，既有利于增强对国际争端解决的法律方法的认识，也能为我国有效参与法律外交活动提供有益参考。

“恩丽卡·莱克西号”是一艘意大利油轮，船上有意大利海军陆战队战士进行武装护航。2012 年 2 月 15 日，在距离印度的海岸线约 20.5 海里处，“恩丽卡·莱克西号”上的两名海军战士吉罗内（Girone）和拉托雷（Latorre）误将对面驶来的印度渔船（当时未悬挂印度国旗）“圣安东尼号”（the St. Antony）当作海盗船，在向水中鸣枪无效后，这二人向渔船开火，导致船上两名印度渔民中枪身亡，渔船亦严重受损。[①] 以上人名是作者根据国际海洋法法庭英文判决自行翻译的，可采用中央电视台新闻中的翻译。

事件发生后，“恩丽卡·莱克西号”抵达科钦港，印度喀拉拉邦警方便将其扣押，并逮捕了吉罗内和拉托雷。2012 年 5 月，喀拉拉邦警方正式指控二人违反了《印度刑法典》和《打击危害海上航行与大陆架上固定设施安全的非法活动法》，犯下了谋杀、谋杀未遂、从事国际海域恐怖活动等罪行。意大利认为本案应由意大利管辖，而非由印度管辖。于是，2012 年 5 月，意大利驻印度大使代表意大利向受理此案的印度喀拉拉邦高等法院发出请求，指出喀拉拉邦无权审理本案。但是，喀拉拉邦高等法院驳回了意大利的请求。于是，意大利又向印度最高法院提起了令状请求，要求最高法院推翻喀拉拉邦高等法院的意见。

---

① ITLOS/Press 232：Request for provisional measures submitted to the Tribunal by the Italian Republic against the Republic of India，22 July 2015，https：//www.itlos.org/fileadmin/itlos/documents/press_releases_en-glish/PR_232_EN.pdf. 2017 年 5 月 23 日登录。

在参与印度国内司法程序的同时，意大利也积极展开外交攻势。为此事，意大利总理三次致电印度总理，意大利副外长三次访问印度，但均告失败。[①] 2013 年 2 月，在意大利驻印度大使的斡旋和保证下，印度政府批准两名海军战士回国参加意大利议会选举，并要求其在四周内返回印度。但是，当两名战士回国后，意大利外交部却发表声明称此二人将不会返回印度。这一声明激起了印度的强烈反应，指出意大利违反了对印度做出的承诺，并为此限制意大利驻印度大使离境，同时将印度和意大利之间的外交关系降到大使级别以下。意大利也针锋相对发出公告提醒在印度的意大利公民注意安全，并建议公民远离喀拉拉邦。[②] 除了印度的抗议之外，欧盟也对意大利进行了谴责，称虽然印度未曾要求欧盟干涉此事，但作为欧盟成员国的意大利违反明示承诺的行为有悖于欧盟所高度推崇的法治和司法独立的原则。[③] 在巨大的外交压力下，意大利不得不履行其先前做出的承诺，令两名海军战士于 2013 年 3 月底前返回了印度。2014 年 12 月，拉托雷因身体健康原因向印度最高法院提起返回意大利治疗的请求。最高法院批准其回国治疗四个月，此后一再延长其回国周期至今。吉罗内也申请回国，但未获准许。

此后，意大利决定通过国际司法途径解决该争端，并于 2015 年 6 月 26 日根据《联合国海洋法公约》第十五部分将争端提交给仲裁庭。印度主张仲裁庭对本案无管辖权，但是仍参加了仲裁程序。2015 年 6 月 21 日，在仲裁庭组成之前，意大利根据《联合国海洋

① 《印渔民被杀引争端意召回驻印大使》，《新京报》2012 年 5 月 20 日，第 A9 版。

② 《印度机场受命防意大利大使离境》，《新华每日电讯》2013 年 3 月 17 日，第 9 版。

③ The “EnricaLexie” Incident, Request for the Prescription of Provisional Measures, Order, PCA Case No. 2015-28, 29 April 2016 (hereinafter as “Order”), pp. 9-10, para. 36.

法公约》第 290 条要求国际海洋法法庭指示临时措施。意大利所要求指示的临时措施的内容是：第一，印度停止对拉托雷和吉罗内采取司法或行政措施，并停止对“恩丽卡·莱克西号”所引发的事件行使管辖权；第二，印度应采取必要措施保证在仲裁程序的进行中，吉罗内返回意大利，拉托雷留在意大利。国际海洋法法庭支持意大利的第一项要求，但未满足其第二项要求。[①] 此后，2015 年 12 月 11 日，在仲裁庭组成之后，意大利又要求仲裁庭指示临时措施，使吉罗内能够在仲裁程序进行中返回意大利。印度称意大利滥用程序，把同一个问题做两次要求，但是仲裁庭满足了意大利的要求。[②]

截止 2017 年年底，案件的临时措施程序已经全部完成，将进入管辖权和实体问题的裁定阶段。鉴于印度对仲裁庭管辖权提出抗辩，并对意大利的每一个主张都提出了针锋相对的反对意见，两国将继续在国际仲裁庭上“斗智斗勇”。在所有的反对意见中，印度对意大利先参加了印度国内的司法程序，又转而在印度司法程序未完成的情况下求诸国际司法的做法反应最为激烈，称意大利滥用国际司法程序，且意大利应“用尽当地救济”。[③] 当然，即使仲裁庭裁决是意大利对此案有管辖权，而印度不得不放弃审判，也并非意味着两位海军战士将不受到任何追诉。因为管辖权和实体审判是一个案件的两个阶段，意大利也事实上在国内启动了对二人的追诉程序。但是，两国却围绕着到底由哪个国家来审判而进行了四年多的

---

① 参见 The “EnricaLexie” Incident, Request for the Prescription of Provisional Measures, ITLOS Order, 24 August 2015 (hereinafter as “ITLOS Order”), p. 25, para. 141。

② 参见 Order, p. 33, para. 132。

③ 参见 ITLOS Order, p. 24, para. 132。用尽当地救济 (exhaustion of local remedies) 是国际法中行使外交保护的一项条件。

外交大战。可见，刑事管辖权问题有关主权，是一国的核心问题。而且，双方的不信任和敌意已经达到了极高点，任何一方都不会通过外交方式实现任何让步。特别是，印度的民族情感很难容忍意大利的“食言”等举动，更无法相信意大利法院将会做出公正的判决。

不过，印度和意大利原本关系友好，却因本案而水火不容，两国都有尽快解决争议的意向，且都积极参加了仲裁程序，体现了对该程序的认可。可见，本案的裁决将会被接受，而两国的争端也将随着仲裁裁决的出台而告一段落。当然，本案的最终解决仍然依赖于印度和意大利的配合，因为仲裁裁决并没有配套的执行机制。因此，两国仍需要达成政治上的互信，才能实现犯罪嫌疑人的引渡、审判等事宜。特别是，意大利要对犯罪嫌疑人进行公开、公正的审判，以实现被害人家属的正义，同时实现对印度政府的承诺。

另外，本案的相关情况对我国也有重要的参考价值。一方面，近年来，中国渔船在阿根廷、越南、印度尼西亚的专属经济区屡遭武力执法，而我国亦有在专属经济区对外国船舶武力执法的实践，并由此引发了外交事件。我国应该注意专属经济区内沿海国执法的限度，并注意确保其他国家不会将相关案件通过《联合国海洋法公约》上升为国际仲裁案件；另一方面，我国开始积极通过法律手段解决国际争端，特别是，我国已经习惯了 WTO 争端解决机制，积极利用该机制来解决我国与其他国家的有关争端。[①] 我国将来也有可能利用法律方法解决国际经贸争端以外的其他争端。本案正是以

① 宋杰：《从英美实践来看我国参与国际法律事务的有效性问题》，《比较法研究》2015 年第 2 期，第 148 页。

法律方法解决国际争端的典型，双方投入了大量的资源来打赢这场“法律战”，本案运作过程中的各个方面是值得我们借鉴与参考的。

三、法律外交的重点领域研究

为深入分析法律外交的作用方式，下文将从实践角度出发，从海洋、环境、反恐、人权等四个重点领域着眼，对法律外交进行深入探析。

（一）海洋权益领域

“谁控制了海洋，谁就控制了一切。”[①] 第三次联合国海洋法会议尽管在一定程度上解决了一些围绕海洋的争议，然而各国对海洋本身及资源的追逐并未就此停步。目前，围绕海洋的争议几乎成为国际争端中的主要类型。2014 年，国际法院审结的案件全部与海洋权益有关；[②] 而当年新受理的案件也只涉及两类争议：一类为核军备竞赛和核裁军，另一类即为海洋划界。[③] 下文将结合海洋能源、生物和划界方面的典型案例，分析法律外交在其中发挥的重要作用。

---

① 屈广清、曲波：《海洋法》，北京：中国人民大学出版社 2011 年版，第 183 页。

② 2014 年国际法院审结了两个案件，分别是海洋争端案（秘鲁诉智利）和南极捕鲸案（澳大利亚诉日本）。

③ 2014 年国际法院新受理的案件是加勒比海和太平洋海洋划界案（哥斯达黎加诉尼加拉瓜）、印度洋海洋划界案（索马里诉肯尼亚）、关于停止核军备竞赛和实行核裁军的谈判义务案（马绍尔群岛诉印度）、关于停止核军备竞赛和实行核裁军的谈判义务案（马绍尔群岛诉巴基斯坦）、关于停止核军备竞赛和实行核裁军的谈判义务案（马绍尔群岛诉英国）。

在海洋能源方面，俄罗斯与荷兰之间由开采北极海域石油而引发争议。2013 年 9 月，绿色和平组织（Greenpeace International）[①]为抗议俄罗斯在北极地区进行的钻油工程，不顾俄罗斯政府的反对，驾驶破冰船“北极日出号”（Arctic Sunrise）闯入北极海的喀拉海域，有两名成员试图登上石油钻井平台，但被俄罗斯边防警卫队逮捕。随后，俄罗斯边防警卫队登上了“北极日出号”，并将其扣押，转运至摩尔曼斯克。与此同时，还逮捕并关押了船上的所有人员，并指控他们犯下了“海盗罪”。在扣押当天，俄罗斯外交部即召见荷兰驻俄罗斯大使，抗议该船和船上人员在俄罗斯专属经济区实施挑衅行为，粗暴违反国际法和俄罗斯有关法律，要求荷兰作为船旗国采取措施杜绝今后再发生类似行为。荷兰则指责俄罗斯在未经其同意的前提下，便登临船只检查并予以扣押，以及关押船上人员的行为是违法的，要求俄罗斯释放船只和船上人员。在外交压力下，俄罗斯方面软化了之前强硬的口吻，俄罗斯专门侦查委员会经过详细调查后，将原来指控的“海盗罪”改为较轻的“流氓罪”。但是，俄罗斯不同意立即释放船只和人员。于是，荷兰便于 2013 年 10 月 21 日正式向国际海洋法法庭提起请求，要求法庭指示临时措施（provisional measures），令俄罗斯立刻释放“北极日出号”及船上人员。[②] 最终，国际海洋法法庭指示了有利于荷兰的强制措施。法律是用“指示”这个词这在很大程度上扭转了国际舆论，如俄罗斯不遵守的话，则可能令俄罗斯背上不守法的恶名，这是传统外交

① 成立于 1971 年的绿色和平组织是一个致力于环保工作的非政府国际组织（Non-Governmental Organization）。

② The Arctic Sunrise Case (Netherlands v. Russia), International Tribunal for the Law of the Sea Case No. 22, Order of 22, November 2013.

手段所不能达到的效果。因而，尽管俄罗斯不接受、不承认、不参加国际海洋法法庭的相关法律程序，但是仍根据大赦法案对“北极日出号”船上所有人员予以赦免，事实上满足了荷兰提出的要求。

在海洋生物方面，鲸鱼的数量由于人类的大肆捕捉而锐减。日本是目前世界上最大的捕鲸、食鲸国。日本人的饮食历史和利益的驱动使得日本对捕鲸活动格外钟情。不过，根据《国际捕鲸管制公约》（*International Convention for the Regulation of Whaling*）设立的国际捕鲸委员会（International Whaling Commission）决定禁止商业捕鲸，只允许为维持生活或为科学研究目的而从事捕鲸。日本虽然是《国际捕鲸管制公约》的缔约国，但却难弃对鲸鱼之嗜好，便以科学研究为名继续捕鲸。澳大利亚等国发现，日本的捕鲸活动虽名为科学研究，实则为食用。国际社会滔天的批评、环保组织屡次的抗议都无法阻止日本人捕鲸的步伐。为此，澳大利亚向国际法院提起诉讼，称日本在“第二阶段日本南极鲸类特许研究项目”（JARPA Ⅱ）之下持续不断地进行大规模捕鲸活动，违反了日本据《国际捕鲸管制公约》应承担的义务。[①] 新西兰以相关国家的身份参加了诉讼。最终，国际法院认定日本的捕鲸活动违法。判决做出当日，日本政府代表鹤冈公二在海牙称，日方对判决结果“深感失望”，但会遵守判决。之后，日本内阁官房长官菅义伟在东京称，日方对判决结果“表示遗憾和深感失望”，但会予以遵守。澳大利亚前环境部长加雷特（Peter Garrett）称，得知判决结果“欣喜若狂”，并称判决意味着今后在南极海域不会看到以科学为名对鲸鱼的捕杀，这

① Whaling in the Antarctic（Australia v. Japan：New Zealand intervening），I. C. J . Judgment of 31 March 2014.

场闹剧将最终停止。[①] 日本人不仅认为鲸鱼是一种高营养食物，还认为捕鲸活动是一种传统文化活动。通过各种类型的政治谈判和抗议，都无法令日本人放弃这项爱好。而通过司法途径，将捕鲸活动上升为国际不法行为，同时对日本施加国际责任，则使其不得不在特定区域放弃捕鲸，从而实现了保护濒危生物的重大胜利。

在海域划界方面，也屡有法律外交的作用凸显。海域划界事关一国的领土范围，是一国核心利益之体现，如果处理不当，可能发生重大事件，乃至造成国际冲突。为了将海域划界问题妥善解决，有的国家从传统的政治手段转为采用法律手段。众所周知，秘鲁和智利因地理位置和地形等因素特殊，严重依赖于海洋资源。两国的海域划界是两国之间长期的争议，谁都不肯做出让步。然而，两国的陆地领土边界在 1929 年业已确定，是一条西南—东北向的斜线。智利提出，两国的海域边界从两国陆地边界的起点开始，是一条与纬线平行的东西向直线；秘鲁则认为两国间的边界是等距离中间线，而等距离中间线的方向是与陆地边界的延伸方向一致的，由于两国的陆地边界是斜线，所以用等距离中间线划定的海域边界也是一条斜线。东西向直线和西南—东北向斜线这两种不同划界方法的采用会使得大面积的有争议海域出现。

两国海域争议延续了半个多世纪，不只国家关系受其所累，民众也不堪其苦。当地渔民经常无法确定边界何在，兼之航行工具和技术有限，常常误入他国海域，从而受到惩罚，不仅民众叫苦连天，所属国家的关系也因此而雪上加霜。围绕该问题，双方进行了不计

---

① 参见《澳大利亚诉日本捕鲸案获判决国际法院叫停日本捕鲸》，《法制时报》2014 年 4 月 22 日，第 8 版。

其数的协商，然而协商结果总是不如一个公平的机构所做出的裁决那样令人心服口服。于是，2008 年 1 月 16 日，秘鲁向国际法院提交请求书，对智利提起诉讼，请求国际法院为两国划定海域边界。①

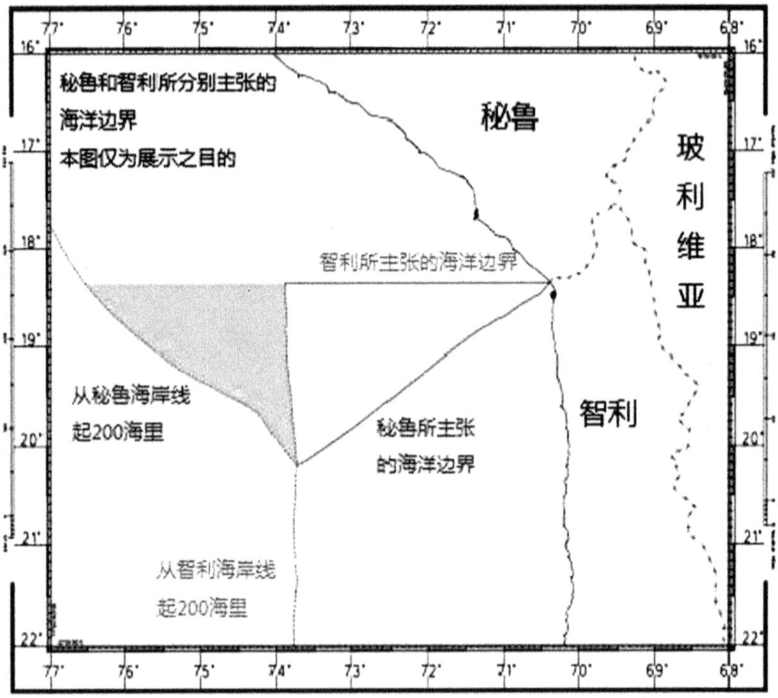

图 1　秘鲁与智利的海域划界主张争议图②

国际法院在受理案件后，做出了巨大的努力，从文本方面检视了两国的多个宣言、条约和协定；从实践方面调查了两国提交的地图材料、当地的渔业和海事活动等情况；从方法方面分析了默示协议和公平划界的步骤。国际法院最终在判决中为两国确定了一条海

① Maritime Dispute (Peru v. Chile), Summary of the I. C. J. Judgment of 27 January 2014, p. 1.

② 此图来源于国际法院判决：Maritime Dispute (Peru v. Chile), I. C. J. Judgment of 27 January 2014, p. 16。

域边界，判决结果比较有利于秘鲁。在判决做出当天，秘鲁总统乌马拉（Ollanta Humala）对判决表示欢迎，称该国的版图将由此扩大，并对争端的和平解决深感欣慰。智利总统皮涅拉（Sebastián Piñera）则表示，虽然判决造成该国领土的“不幸损失”，但富含渔业资源的海域仍属于智利一方，没有受到影响。[①] 而据秘鲁《商报》报道，利马商会主席萨穆埃尔·格雷塞尔（Samuel Gleiser）和智利圣地亚哥商会主席彼得·希尔（Peter Hill）一致认为，关于两国领海争端而进行的国际法院的最终判决将不会影响两国贸易往来和投资，两国企业家将以平静的心态对待此次领海争端。[②] 由此可见，法律方法在海域划界方面的采用能发挥很大作用：由于司法机构的中立性和专业性，其做出的判决相较于调解或谈判结果，更能令当事国的政府和民众接受，从而化解争端。

（二）环境领域

如果说在海洋方面法律外交的开展有助于争端解决的话，那么环境方面的法律外交则更加明显地体现出对规则形成的帮助。有人说，社会发展的真正极限，其形成原因与其说是物理上的，不如说是生态学、生物学的。[③] 这种危机意识得到了国际社会的公认。然而，环境问题的解决并不是单个国家所能完成的。地球是一个整

---

① 《国际法院为秘鲁和智利两国重新划定海上边界》，2014 年 1 月 27 日，http：//www.un.org/chinese/News/story.asp？NewsID＝21247，2015 年 8 月 16 日。

② 《秘鲁智利领海争端的最终判决将不会影响两国企业界关系》，2013 年 8 月 20 日。http：//www.mofcom.gov.cn/article/i/jyjl/l/201308/20130800274809.shtml，2015 年 8 月10 日。

③ 林灿铃：《国际环境法》，北京：人民出版社 2011 年版，第 149 页。

体，地球上各环境要素是相互依存、牵制的。地球环境的任何部分也都相互联系、制约。任何国家或地区都不能脱离地球而独享舒适的环境。偌大一个地球只不过是遨游于天际的一条小小的太空船，各国、各地区的人们都是这一条船上的同舟共济的乘客。① 于是，环境问题跨越了国界，成为国际社会共同的议题，国际环境法也应运而生。作为国际法的新的分支，国际环境法的相关规则大多都是实践的产物。法律外交在国际环境法规则的形成过程中起到了重要的作用。

特雷尔冶炼厂是加拿大特雷尔地区的一个铅锌冶炼厂，该厂距美加边界仅十余公里。自建立伊始，特雷尔冶炼厂就大量释放硫化物，使得毗邻的美国华盛顿州遭受了重大损失，特别是对庄稼、树木、牧场、牲畜、建筑物等的损害异常严重。美国的污染受害者早年曾向冶炼厂提出赔偿要求，然而这是一个跨越国界的污染事件，在当时没有可以适用的解决方法。后来，受害者将案件提交给美国政府。美国政府向加拿大政府提出了抗议，然而通过外交途径的各种尝试均告失败。于是，两国政府将案件提交仲裁，国际常设仲裁法院不但对案件的是非曲直做出了裁定，还通过一项著名的声明推动了国际环境法规则的形成。该项声明内容为：根据国际法以及美国法律的原则，任何国家没有权利这样地利用或允许利用它的土地，以致其烟雾在他国领土或对他国领土上的财产和生命造成损害，如果已发生后果严重的情况，而损害又是证据确凿的话。② 这项声明最终演化为国际环境法的基本原则之一——尊重国家主权与

---

① 林灿铃：《国际环境法》，北京：人民出版社 2004 年版，第 146 页。

② 王曦编著：《国际环境法》，北京：法律出版社 1998 年版，第 24 页。

不损害国外环境原则。

主权是一国的根本属性，是一个国家独立自主地处理对内、对外事物的最高权力。① 主权在本质上是排他的。所以，各国拥有按照本国环境与发展政策开发本国自然资源的主权权利，这是毋庸置疑而早已确立的规则；然而，在一国管辖范围内进行的活动可能通过自然界的作用而污染和影响其他国家的环境或各国管辖范围以外地区的环境，对此，各国有义务保证在其管辖或控制之内的活动不损害他国或国家管辖范围外地区的环境。这项原则的提出是国际环境法的重大突破，有利于协调环境问题对主权的冲击以及主权对环境问题解决造成的障碍。而我们不能忘记，这项原则是在美国和加拿大之间的法律外交活动中提出并形成的，显示了法律外交的规则推动作用。

近年来，又有国家试图对尊重国家主权与不损害国外环境原则做出新的诠释。2011 年 9 月，太平洋岛国帕劳正式向联合国大会提出提案，要求联大向国际法院寻求咨询意见，以确定各国是否有法律责任确保其领土上的任何排放温室气体的行为不会危害其他国家。② 这意味着气候变化问题由政治谈判的层面上升到道德问题后，又有演化为法律问题之势。帕劳属于气候变化的弱势群体，作为小岛屿国家，帕劳已经面临着全球气候变化所带来的致命威胁。气候变化导致海平面上升，风暴发生的频率也在迅速增加，这些威胁有可能吞噬掉整个国家。以帕劳为代表的小岛屿国家认为温室气体的排放主要是发达国家的责任，然而小岛屿国家却要承受发达国家排

① 邵沙平主编：《国际法》，北京：中国人民大学出版社 2010 年版，第 127 页。

② 杜涛：《在政治与法律之间——气候变化诉讼中的政治问题理论》，《北方法学》2013 年第 5 期。

放的温室气体带来的海平面上升问题，小岛屿国家无论再努力地减少本国排放，也无法扭转被淹没的命运，而发达国家却对小岛屿国家面临的危险却视而不见，这是极度不公正的现象。马绍尔群岛总统曾对其他国家发出呼吁："我们是愿意袖手旁观看着那些最脆弱的国家和人民（包括马绍尔群岛的人民）与一个更加暖化的世界做着赢不了的斗争，还是众志成城从现在做起迎接一个没有碳排放的未来？"① 气候变化的议题一直是以发展与环境保护之间的矛盾为主轴的，各国在国际论坛上从政治、经济等各方面利益出发进行博弈。然而，小岛屿国家作为"气候难民"，却主张世界上其他国家负起道德责任，做出道德表率，从而站在了道德制高点上。不过，道德问题毕竟是没有拘束力的，而把道德问题再进一步推进为法律问题，会令减少排放温室气体成为一项法律义务而落到实处。

帕劳提案就是把温室气体的减排问题推进到尊重国家主权与不损害国外环境原则的范畴内，把它从各国基于政治、经济、道德的博弈，变成一种真正的具有法律拘束力的规则，从而实现小岛屿国家的利益。目前，帕劳提案已经成为国际环境法上的一个重要问题，而且将在未来主导着国际环境谈判进程，影响国际环境问题的解决路径。帕劳，一个南太平洋的小岛国，就这样以法律外交的方式维护本国、本集团利益，并影响了国际环境谈判的走向，甚至将实现国际环境规则的新发展。

---

① 《太平洋岛国就气候变暖抱团发声，或引发全球外交新博弈》，2014 年 7 月 28 日，http：//news. 163. com/14/0728/14/A28FUK3Q00014SEH. html，2015 年 8 月 20 日。

（三）人权保护领域

人权的国际保护作为一项基本的国际法原则，第一次出现在普遍性的国际组织的文件是1945年《联合国宪章》，体现了国际社会尊重人类的人权及基本自由的宗旨。[①] 随后联合国大会于1948年通过的《世界人权宣言》以及1966年通过的《经济、社会及文化权利国际公约》和《公民权利和政治权利国际公约》及其《任择议定书》，构成了国际法中人权保护的最重要法律基础。对人权进行国际保护已经成为国际社会的共识，对人类自由和权利的保护也体现了国际社会的发展和进步，这一点毋庸置疑。但在人权问题上，由于各国社会制度、文化传统、经济发展水平甚至意识形态的差异，对人权的理解和追求态度上，各国存在不同的立场和方式，甚至是矛盾和冲突。这些差异不仅会使人权保护在实际操作层面产生各种障碍，不利于受到侵害的人或族群得到有效的保护，甚至有的国家将人权问题政治化，采取经济封锁、政治孤立、直接军事攻击等方式作为攻击、操纵、损害或干涉他国的手段，以达到自身的政治目的。如何在人权问题上避免政治化，处理好人权保护与国家主权的关系这一问题，充分发挥国际法的作用，使人权保护从政治问题向法律问题转变或许是一个较为合理和有效的切入点。

虽然和平与发展是时代的主题，但小型战争或武装冲突仍在世界的一些地方存在，在这些战争和武装冲突中，经常发生种族屠

---

① 曹建明：《论人权的国际法律保护》，《郑州大学学报（哲学社会科学版）》1999年第5期，第110页。

杀、大规模杀伤平民、虐待战俘等侵害人权、践踏人权的情况。在一国政府唆使、纵容或是无法对这种情况进行控制或司法审判时，如何保护平民权利，实施人道主义救援就成为国际社会亟须面对的问题。有一种方式，是采取武力方式直接暴力干预，如伊拉克战争。2003 年，在美国领导下的一些国家以伊拉克存在大规模杀伤性武器，以及独裁者萨达姆犯下了许多大规模屠杀本国人民的反人类罪行为由，在没有得到联合国安理会授权的情况下派出包括地面部队在内的多国联合军队直接武力入侵伊拉克，在历时 7 年多的战斗中（即美国战斗部队撤出伊拉克为止），虽然推翻了萨达姆政权，但仍然没有找到大规模杀伤性武器的证据，并且美伊双方都付出了巨大的人员伤亡以及经济损害。[①] 这次战争由于没有得到联合国的授权，因此在合法性上遭到国际社会的诸多质疑，而从结果来看，美伊双方均为这场战争付出了沉重的代价。而另一种方式，是将人权保护转化为法律问题，通过法律途径来处理，如苏丹的达尔富尔问题。达尔富尔位于苏丹西部，由于经济落后、族群复杂等原因，地区秩序十分动荡。2001 年和 2002 年，该地区的两个反叛组织“苏丹解放运动”和“正义与平等运动”群起反抗喀土穆政府，加之“金戈威德”等其他势力的加入，引发了达尔富尔问题。由于苏丹政府在达尔富尔地区的军事力量严重不足，导致了达尔富尔武装冲突的失控局面，并发生了混战各方不加分别地攻击平民，实施强奸，强迫

---

① 据统计，美国方有 4500—5000 名军人死亡，5.6 万—20 万军人受伤，战争支出 7630 亿美元，还额外支出 500 亿美元进行重建。而伊拉克方面则有 7600—10800 名士兵伤亡，游击队 103160—113728 人伤亡，10 万—120 万名平民死亡，480 万人成为难民，国家经济瘫痪，社会动荡不堪，恢复步履维艰。

其流离失所，以及施行各种暴力行为，造成了大量人员伤亡。[①] 国际社会严重关切苏丹局势的发展，但由于苏丹存在一个合法有效的政府，因此直接通过武力干涉等方式显然是不合适的。因此，各国在联合国商讨对策，安理会在2004年至2005年先后通过了9项关于苏丹的决议，要求苏丹履行承诺解除达尔富尔地区部族武装，与反政府武装毫不拖延地举行和谈，以寻求达尔富尔问题的政治解决。在谈判谈谈停停、敦促未果的情况下，安理会于2005年3月31日通过1593号决议，规定将涉嫌在苏丹达尔富尔地区犯有“战争罪”和“反人类罪”的苏丹军政府官员、亲政府游击队和反政府武装组织成员交由国际刑事法院审判。最终，总检察官对达尔富尔地区严重罪行负有责任的个人启动了调查程序，并促使苏丹政府成立了达尔富尔特别法庭，启动了本国的司法程序对有关犯罪嫌疑人进行审判。在苏丹这样一个没有能力控制武装冲突混乱局面、几乎不可能自行惩处本国高级别犯罪嫌疑人，甚至现存法律明显违反人权标准的国家，国际刑事法院的介入显然是一个对人权保护更有力和更有效的方法，而且对达尔富尔问题的最终解决提供了良好的基础。[②] 这种方式较之前一种方式而言，既避免了较大的代价，也因其合法性和公正性容易获得各方的认同与尊重。根据以往的实践，前南国际刑庭、卢旺达国际刑庭、柬埔寨国际法庭以及塞拉利昂法庭等国际性司法组织对相关案例的审判和处理，都为我们提供了良

① 杨力军：《安理会向国际刑事法院移交达尔富尔情势的法律问题》，《环球法律评论》2006年第4期。

② 与国际刑事法院行使管辖权相配合，联合国代表团与苏丹政府多次磋商，引导、督促和协助苏丹政府与反叛武装组织进行和平谈判，并通过安理会授权多国联合维和部队进驻苏丹，2006年苏丹政府与反叛武装达成了和平协议。

好的示范。将世界各国对人权保护的外交诉求纳入法律框架实现，不仅实现了外交目的，也形成了解决日后可能出现同类情形的有效的法律解决机制。

另一个在人权保护领域负有盛名的国际组织是欧洲人权法院，是基于欧洲理事会（Council of Europe）于 1950 年通过的《欧洲人权公约》而创设的法院。欧洲人权法院的法官由欧洲理事会选举出来的全职法官担任，专门审理缔约国中发生的危害人权的案件。由于欧洲理事会的成员国都必须签署并批准欧洲人权公约，因此欧洲人权法院的判例在所有成员国境内具有法律约束力，除了判决中所包含的建设性意见外，成员国必须要遵守该判决的决定。[①] 欧洲人权法院自成立以来，出现了许多具有重要影响力的经典判例，如 1977 年爱尔兰诉联合王国案、佩顿（paton）案、福利党等诉土耳其案、车臣居民诉俄罗斯案、宗教服饰案等，涉及了包括酷刑、不人道待遇、胎儿权、宗教自由、妇女保护、隐私权、同性恋权利、公正审问权等诸多领域中的人权保护。这些判例不仅全部得到当事国的遵守，有的国家还将判例中确认的人权转化到各自的法律中加以保护，有力地推动了欧洲地区人权保护法律的统一化进程。也正是由于欧洲人权法院具有成熟而有效的法律实践，欧洲国家在面临本国或他国国民的人权遭受侵害时，可以更多地通过法律途径来达到外交保护的目的。

---

① The European Convention for the Protection of Human Rights and Fundamental Freedoms, art. 46, 47.

(四) 反恐领域

据不完全统计，世界上被定义为恐怖主义的组织多达159个，这些组织有着众多的追随者和支持者，他们通过有组织地使用暴力或暴力威胁，实施绑架、暗杀、爆炸、空中劫持、扣押人质等手段来打击对手，造成非武装人员的大量伤亡，严重危害到国际社会秩序以及有关国家和个人的人身安全或财产安全。国际社会反对恐怖主义最早可以追溯到20世纪30年代，至今一直进行着探索与合作。[①] 反恐合作的各个层面均体现出外交活动中法律手段的运用，从而使反恐合作更加体系化、规范化。

国际社会的反恐合作，主要通过以下几种方式进行：

第一，缔结国际性公约或条约，针对恐怖主义整体的或某一部分的内容达成共识，反对全球范围内的恐怖主义。前者如1974年《防治和惩罚针对国际保护人群犯罪公约》、1994年《制止恐怖主义爆炸事件的国际公约》、1999年《制止向恐怖主义提供资助的国际公约》等；后者如针对空中恐怖主义的公约，如1963年《东京公约》、1970年《海牙公约》以及1971年《蒙特利尔公约》等。这些国际性公约一般在全球性的国际组织中形成，以联合国为代表，上述提到的国际性公约全部是由联合国制定。这些公约的形成是各个国家在充分表达各自在反恐领域的诉求以及外交需要的基础上讨论形成，体现了国际社会的共识，并形成了反恐领域中国际普遍适用的一些基础性原则，如普遍性原则和引渡或起诉原则。可以说，

① 王绳祖：《国际关系史》，北京：世界知识出版社1995年版，第130页。

这些公约是将各国的合理诉求与需要法律化，也体现了联合国作为当今最重要的普遍性国际组织，在全球法律外交中能发挥的举足轻重的作用，从而为国际社会同国际恐怖主义做斗争，维持国际社会的正常秩序提供了法律武器。[①]

第二，区域性组织提出的关于反对恐怖主义的公约或条约。如美洲国家组织在 1971 年形成的《美洲国家组织反恐公约》，欧洲国家通过欧盟议会在 1978 年形成的《欧洲反恐公约》，非洲国家通过非洲统一组织形成的 1999 年《预防和打击恐怖主义公约》，阿拉伯国家通过阿拉伯国家联盟形成的 1998 年《阿拉伯国家联盟反恐怖协议》以及中国与有关国家形成的上海合作组织达成的 2001 年《打击恐怖主义、分裂主义和极端主义上海公约》。这些区域性公约或条约是有关国家根据本区域反恐形势的特点和情况进行的法律协商与合作，有利于形成具有针对性的反恐法律体系，形成深层次的反恐司法协助，并有力地补充国际性公约法律措施的漏洞和不足，是更加纵深的法律外交的活动产物。以 2001 年成立的上海合作组织为例，其成员国包括中国、俄罗斯、哈萨克斯坦、吉尔吉斯斯坦和塔吉克斯坦，所涉国家领土范围囊括了东亚一直延伸至欧洲的广大区域，在有关成员国、观察国以及其他伙伴国的积极参与下，通过年度一次的首脑峰会，以反恐合作为主题，讨论了恐怖主义、分裂主义、宗教激进主义，以及非法贩卖武器、毒品、非法移民和其他犯罪活动，并延伸到其他相关的政治合作、经济合作以及教育合作等领域，成为一个施展有关国家外交活动、政策的巨大舞台，对维护地区稳定、打击恐怖主义具有重要的作用。

---

① 丁强，孙彬：《国际联盟与反恐怖主义立法》，《历史教学》2002 年第 10 卷。

第三，各国制定本国的反恐怖主义法律。如美国在“9·11事件”后，立即出台了具有1016条法律条款的《爱国者法案》；英国和爱尔兰为了处理日益严峻的恐怖主义威胁，于1998年分别通过了《反恐怖法案》；法国在1986年9月制定了反恐法，并在“9·11事件”后专门制定了审理恐怖主义犯罪的司法程序和对资助恐怖主义行为起诉的法律；俄罗斯长期面临恐怖主义的威胁，在1998年即颁布了《俄罗斯联邦反恐怖主义法》，并在“9·11事件”后再次发布了反恐总统令，加大了国家的刑事司法权。国内的反恐立法是与国际性、区域性反恐条约相互配合的，是对反恐条约的具体实施，从而体现了国际法与国内法的良性互动，是法律外交活动要达到的最终效果。因而，各国通过有关反恐立法，加强与外国反恐领域法律交流，积极融入国际反恐法律体系，将反恐法律化和制度化，有利于提高反恐合作的正义性和规范性。

四、结论

为了维护和发展国际政治经济新秩序，使国际社会和平有序地运行，各国除了运用传统的政治、经济、金融、军事等外交手段，还致力于打造一个支持这种秩序运行的法律体系，形成具有公信力和约束力的国际法规则。所以法律外交虽然作为一个新的概念提出，但将法律手段作为国家对外交往的工具，来实现外交目的和外交利益，不仅符合和平与发展的时代背景，也与维护国际政治经济新秩序的宗旨一脉相承，已经为世界各国所践行。法律外交的实现形式是多样的，既包括通过外交谈判议定规则以缔结国际性公约，从而形成国际普遍适用的法律，也包括区域组织成员根据区域特点，制定仅适用于该区域的法律规则；既包括建立具有国际影响力的国际组织，搭建国际交流平台，充分发挥国家间交流、磋商、协助的作用，也包括各个国家通过法律交流和学习，制定各国国内法以更好地衔接国际法律体系，加强国际司法协助；既包括制定规范的法律文件来促进国际交往，也包括尊重国际交往中已然形成或正在形成的惯例和习惯；既包括通过国际司法体制保护国家外交权益，也包括遵守国际司法判决和规则来履行国家义务等。法律外交是一个伸缩性很强的概念，在很多领域具有广阔的适用性，需要不断通过外交实践来进一步厘清其概念、丰富其内涵。国际社会越是稳定、发展和繁荣，反对暴力、追求公正、追求规则的法律手段会越来越成为国家实现外交目的和利益的不二之选。对于立志于实现大国特色外交战略的中国而言，法律外交与政治外交、经济外交、文化外交等内容并行不悖，共同组成了中国外交工作的重要有机部分。如果中国要在未来的国际法律体系中提高自己的决策权和话语权，需要进一步熟悉国际法律规则，将法律和外交更好地结合起来，这也意味着法律外交将需扮演更为重要的角色。